D1662922

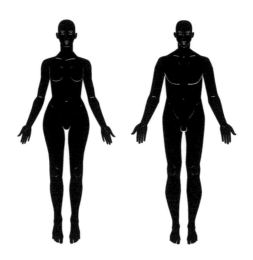

AVERTISSEMENTS :

Ce livre ne fait pas l'objet d'un savoir absolu, n'oubliez jamais de remettre en question ce que vous apprenez ; d'expérimenter par vous-même et d'en tirer des informations nécessaires à votre bien-être personnel.

Ce livre n'est autre qu'un outil à utiliser dans votre quotidien, voyez-le comme une boussole qui vous guide vers la connaissance du Soi, que vous pouvez complémentariser avec d'autres systèmes et thérapies.

Ce livre a été écrit par une Manifestor, avec son propre prisme, sa logique et sa vérité. À vous de reprendre les informations déposées dans celui-ci et d'en faire votre interprétation, votre vérité.

le
DESIGN
HUMAIN

L'ART DE COMPRENDRE SON MÉCANISME UNIQUE

Jade Marsura ✦

"Soyez ce que vous avez toujours été."

Carl Gustav Jung

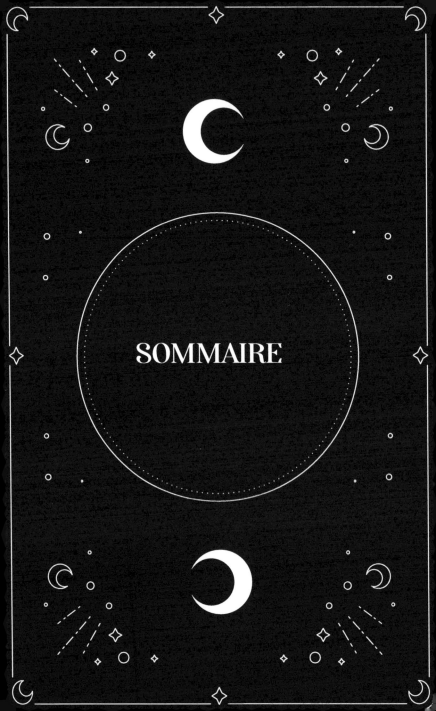

SOMMAIRE

PARTIE 1 :

PARTIE 2:

PARTIE 3 :

PARTIE 4 :

PARTIE 1

L'HISTOIRE DU DESIGN HUMAIN
un directeur artistique à la conquête de l'univers

C'est l'histoire d'un certain dénommé Robert Alan Krakower, qui quelques années plus tard, se fera connaître du monde entier sous le nom de : Ra huru hu.

L'âme de Robert Alan Krakower est arrivée sur terre en 1948. Il a eu une vie que l'on pourrait qualifier de classique/standard. Né à Montréal, il a travaillé en tant qu'entrepreneur, éditeur dans un magazine, directeur d'une agence de publicité et producteur. L'art avait une place très importante dans sa vie, c'était avant tout un artiste intellectuel, poète et musicien. Il a également été diplômé d'une école d'Art dans sa jeunesse.

En 1987, Robert voyage plusieurs jours sur l'île d'Ibiza ou sa vie va fondamentalement changer et transcender ses croyances qui jusque là, étaient au stade de l'athéisme. C'est au cours du 3 au 11 janvier 1987 que Robert va vivre une expérience particulière, voire mystique. Il va entendre et canaliser de ce qu'il appelait « la voix », une quantité incroyable d'informations détaillées et de connaissances scientifiques. C'est durant ces 8 jours et 8 nuits de janvier 87 que Robert reçoit l'enseignement des bases du mécanisme de l'être humain qui sera appelé par la suite : Human Design. Certains parlent de guides spirituels qui seraient entrés en contact avec lui, et d'autres, de la supernova de 1987 qui a explosé dans notre système solaire, déferlant une vague de neutrinos, microparticules invisibles contennant des informations provenant de notre univers. Ces microparticules, au nombre de 20 millions, traversent en chaque instant notre corps terrestre. Ils traversent l'entièreté de la galaxie et dérivent dans notre corps, nous conférant les influences planétaires de notre charte et nos signes zodiacaux.

Ra huru hu nous a quitté le 12 mars 2011, l'année de ses 63ans, mais laisse derrière lui un système précis arborant différentes techniques comme l'astrologie, le yi king chinois (art ancestral divinatoire datant du 1er millénaire), la kabbale (interprétation juive ésotérique et symbolique de la Bible) ainsi que l'énergétique et ses chakras.

Plusieurs institutions ont été mises en place afin de transmettre ce savoir et cette sagesse énergétique aux plus grands nombres. Robert concède un précieux enseignement provenant de « l'autre côté du voile ». Que son histoire soit acceptée ou non, cela n'enlève en rien l'incroyable tribu qu'il a offert aux futures générations de notre monde, ainsi qu'à l'impact générationnel que cela pourrait avoir si certaines institutions éducatives utilisaient l'outil.

LE CONDITIONNEMENT
la matrix de l'attention

Qu'est ce que le conditionnement ?

Je ne peux m'empêcher de citer, en tout premier lieu, l'auteur médecin et chaman : Don Miguel Ruiz. Il a été l'un des précurseurs dans l'univers de la connaissance de soi, en partagent sa vision du conditionnement de la société sous le nom de la « domestication ».

Nous sommes tous et toutes passés par différents seuils d'attention et donc de conditionnement au cours de notre vie. Lorsque nous naissons, nous arrivons dans un Nouveau Monde, dans une nouvelle société ; et cette société a tellement de règles qu'il faut alors démarrer un processus de « domestication » dès le plus jeune âge. On nous apprend alors comment nous comporter en société, ce qui est bien, ce qui est mal, ce qui est vrai, ce qui est faux. L'image de cette société actuelle et de ses obligations passe donc en premier lieu par nos parents, par les croyances que l'on nous transmet, mais également par l'éducation scolaire dans le but de nous « enseigner », de nous « éduquer ». Ces structures académiques nous apprennent à captiver notre attention dès le plus jeune âge afin d'avoir la capacité de pouvoir nous concentrer exclusivement sur ce qu'ils souhaitent nous faire apprendre. Nous donnons donc, sans nous en rendre compte, notre accord pour valider et mettre en oeuvre ces « codes » sociétaux et comportementaux. En somme, à partir du moment où l'information est transmise pour « le bien » de la société ainsi que de notre famille, nous la gardons alors en mémoire et l'appliquons dans notre quotidien.

*Don Miguel Ruiz, les 4 accords toltèques

Tout cela se base donc sur un système de croyances, qui avec l'âge et l'expérience, commence peu à peu à vaciller. Principalement vers l'adolescence, lorsque débute le cycle de rébellion, qui n'est autre que le premier déconditionnement naturel. Celui-ci nous permet alors d'être en capacité de faire nos propres choix de vie et de rejeter ce qui n'est pas en accord avec nos envies et valeurs profondes. Vient ensuite la seconde période de déconditionnement naturel, celle que j'appelle la période du « spectateur ». C'est durant cette phase que nous allons réellement prendre du recul sur notre vie, sur nos choix, notre travail, nos relations et nos engagements de manière générale. Il n'y a pas vraiment d'âge pour ressentir cet appel, tout dépend de notre propre avancée et de nos expériences de vie. Pour certains, c'est un appel qui est plus fort que pour d'autres, qui ont des mécanismes et énergies s'adaptant assez bien au monde et ses codes (nous en reparlerons plus en détail dans la partie 2). Ils ne ressentent donc pas toujours ce besoin de partir en travail introspectif ou bien de se questionner sur le sens de leur vie.

Néanmoins, depuis la génération Y (entre 1980 et 2000) avec l'arrivée d'internet et ses technologies, l'accès à l'information mondial a transformé notre manière de consommer. De comprendre l'impact de nos gestes du quotidien sur notre environnement, de la portée politique et de son incidence au sein de chaque pays. Mais surtout, cet accès international nous témoigne de cette dissociation du corps et de l'esprit dont nous sommes victimes, perdus dans la matrice de notre ère sociétale. Beaucoup ont alors entamé ce que l'on nomme aujourd'hui le « processus d'éveil de conscience ». Quelle est donc la signification de ce terme ? Et bien, c'est noblement la manière d'apprendre à mieux se connaître, comprendre ses mécanismes conscients et inconscients, au travers de différentes thérapies et accompagnements, mais également d'un point de vue spirituel. C'est faire le grand plongeon dans les limbes de l'impalpable (et parfois, de l'inexplicable) afin de se rencontrer soi-même et découvrir quelle est la véritable essence de notre âme.

Ces dernières années, nous avons connu toutes sortes de « brèches » et mises en lumière de comportements abusifs obsolètes et politiques, entraînants plusieurs mouvements du peuple, défendant leurs droits sociaux et humains. Cela a enclenché une division de conscience face aux cases de cet idéal sociétal. L'une d'entre elles penche vers un nouvel aspect dans notre manière de consommer et de vivre, une approche plus sensible dans l'éducation de nos enfants, dans l'apprentissage scolaire et du travail plus « juste » et bien moins universalisé. Chaque individu a ses propres agencements et énergies qui lui doivent de comprendre et d'être à son écoute dès son plus jeune âge afin de l'amener vers le meilleur des avenirs possibles pour lui. Pour ce faire, nous recherchons également des outils d'apprentissage vers l'art de la connaissance de soi, et du retour au corps.

Le design humain fait parti de ces systèmes permettant, avec grande justesse de travailler sur nous, sur nos énergies, et de nous aligner avec un environnement qui soit équilibré suivant notre vibration et nos envies. De ce fait, nous avons aussi besoin de travailler le déconditionnement, qui nous permettra de se rencontrer en dehors de toute source de résistances et de matrice.

Pour terminer, si je devais ajouter un mot de fin, je dirais que le conditionnement n'est autre que le reflet de notre société et des injonctions. Nous éloignant un peu plus chaque jour de nos potentiels intérieurs, écrasés sous une montagne de «faire», de «devoirs», de «rentrer dans le moule» .De généraliser l'humain comme une seule et même constitution mécanique, ayant pour impact une dissolution du soi véritable, enclenchant des mal-être intérieurs, des comparaisons avec autrui, ou encore, un risque de «maladies» sur du long terme.

Entamons alors ensemble le processus de déconditionnement, la clef vers le SOI véritable...

LE DÉCONDITIONNEMENT
retour à son essence

En design humain, on nous apprend qu'il nous faudrait une période de 7ans pour se déconditionner réellement de toutes nos croyances et des dictats de la société. Rome ne s'est pas construite en un jour et bien sûr, sortir de cette matrice qu'est la vie n'est pas toujours chose facile. Mais sachez que si vous ressentez au plus profond de vous ce besoin de changer, d'évoluer et de vous rencontrer *vous*, c'est possible !

Se déconditionner, c'est laisser derrière soi ses fausses croyances et croyances limitantes : *« je ne suis pas assez » « je n'y arriverai pas », « je ne suis pas fait.e pour ça », « je sais que c'est faux car... », « j'ai toujours été comme si ou ça »*. Se déconditionner, c'est arrêter de se comparer, de chercher à tout prix à devenir quelqu'un que l'on n'est pas. C'est arrêter d'écouter les autres et apprendre à s'écouter soi. Se déconditionner, c'est le travail d'une vie, c'est vivre sa véritable essence, c'est plonger dans l'océan de l'aventure et nager jusqu'à son trésor personnel. C'est parfois dire en revoir à certaines personnes pour aller de l'avant, c'est aussi d'embrasser ses émotions, d'accepter pleinement ses « défauts », de pleurer ses erreurs, de s'excuser auprès d'autrui, de s'excuser à soi-même.

Se déconditionner, c'est se délester de ses chaînes et de se créer son propre futur, aligné et juste avec soi même. Se déconditionner, c'est finalement se rencontrer, en passant par des étapes inconfortables, comme le shadow work (travail des ombres, le travail des profondeurs).

C'est aussi comprendre que nous avons tous et toutes un agencement unique, et que par conséquent, notre physiologie est différente de notre voisin de classe, de notre chéri.e, de nos parents, de notre famille.

C'est en vous déconditionnant que vous pourrez établir de meilleures relations avec les personnes qui vous entourent, en comprenant leur propre rouage, que vous pourrez éviter des résistances et l'appel de l'ego. De ce fait, garder des relations les plus saines qui soient, et vous délecter de toute la puissance des échanges et expériences que vous pourrez vivre avec vos proches. Faire un travail introspectif, *c'est* se déconditionner.

Par conséquent, se déconditionner n'est pas obligatoirement un changement de vie important, mais une autre manière de *consommer* et de *réaliser*. Car c'est en transformant ses habitudes, que celles-ci vont avoir une incidence sur notre santé physique et mentale. Vient donc l'envie de continuer ce processus vers quelque chose d'encore plus grand : aligner ses valeurs à son identité. C'est une boucle infinie que l'on peut entamer dans n'importe quel sens, puisque celle-ci nous amènera toujours vers nous même, vers l'intérieur. En parlant de vous-même, nous allons entrer au coeur de l'outil qu'est le design humain et du déconditionnement qu'il vous offre, afin de vous apporter une vision d'ensemble sur vos mécanismes, vos singularités, mais aussi ceux de votre proche.

Bienvenu dans ce nouveau chapitre de votre vie que vous êtes en train de commencer, ou de poursuivre pour d'autres...

LE DESIGN HUMAIN
dans votre vie

Le Design humain nous offre la possibilité de mieux comprendre notre propre mécanisme conscient, mais également inconscient, ainsi que l'identification de tous nos potentiels et atouts par l'information énergétique. Il nous apprend également à devenir spectateurs de nous mêmes et de comprendre comment ne pas retomber dans des schémas répétitifs de vie qui nous mènent vers de lourdes résistances. Il nous permet d'être dans l'acceptation de toutes nos différences, aussi paradoxales soient-elles. Car je le répète, nous sommes humains, nous sommes incarnés pour vivre une vie de dualité ; et cette dualité passera par des patterns parfois complexes qui nous aient donné de décoder afin de vivre une vie totalement alignée avec son énergie propre.

Chaque charte est unique et nous montre comment l'énergie circule au travers de nos centres énergétiques. Ainsi, comment en découlent nos comportements, actions et réactions. Ce système peut nous aider dans toutes les sphères de notre vie : relationnelle, amoureuse, professionnelle, mais aussi dans le but d'apporter une synergie harmonieuse au sein de notre famille et de nos relations.

Il nous aide à devenir le spectateur de nos émotions et de ce fait, d'apprendre à les gérer et atteindre une certaine sagesse intérieure. Il met en lumière ce qui est déjà en nous, et qui n'attend plus que de briller pour atteindre une pleine conscience et un mode de vie plus juste pour chacun. Le design humain est une expérience de vie incroyable qui nous plonge vers une compréhension intérieure et extérieure de soi-même et par extension de notre entourage. Il nous livre les secrets de notre énergie, de notre empreinte en dehors de tout conditionnement. C'est notre carnet de bord, c'est comment apprendre à piloter notre engin terrestre pour vivre dans une harmonie et un alignement énergétique et mental, afin d'en créer des situations de vie et des échanges qui nous permettent de prendre les meilleures décisions possibles.

L'expérimentation de son design dans la vie de tous les jours est si juste lorsque l'on y prête ne serait ce que quelques minutes par jour. Il nous dévoile, il met en lumière les choses à « changer », affirmer, transformer ou bien transcender pour s'épanouir. Le Design humain, c'est un retour au corps. C'est apprendre à répondre par le réceptacle de notre âme et non par le conditionnement mental qui nous amène à prendre des décisions basées sur un programme de croyance destiné à servir toute autre personne que soi même. J'entends par là nos parents, influençant nos choix dans de multiples domaines par leurs propres biais de conditionnement et de vécus. J'entends par là le regard des autres, les « Qu'en dira-t-on ? », en cachant notre Soi véritable derrière une flopée de masques identitaires plus faux les uns que les autres. On peux aussi avoir si peur de prendre sa place en tant que personne à part entière, que l'on va finalement se cacher pour ne proposer qu'une pâle version d'un conditionnement sociétal qui fera l'effet d'une bombe des années plus tard.

Comprenez ceci, vous ne pouvez changer les autres, mais vous pouvez vous transformer vous. Personne ne peut être meilleur que vous, puisque vous êtes unique, vous êtes donc fondamentalement le meilleur de vous même, c'est un fait. Grâce à des outils comme le design humain, vous ne ferez que dépoussiérer de vieux schémas de vie, vous bloquant dans certains domaines, vous laisserez alors la place au nouveau, au beau et à l'acceptation de l'entière et belle personne que vous êtes.

LE VOCABULAIRE
HD

Le système du Design humain, ou Human design en anglais à ses propres règles, ainsi que son lexique. Pour que votre lecture soit la plus fluide possible, je vous dépose ici le vocabulaire ainsi que la signification des différents éléments qui englobe votre charte. À la suite de cette lecture, vous trouverez un espace dédié pour créer votre charte, et noter les informations correspondant à la vôtre, ou bien à celle de vos proches.

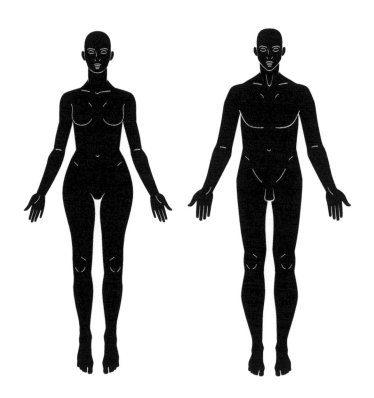

HUMAN DESIGN / DESIGN HUMAIN : L'OUTIL

HD : HUMAN DESIGN

CHARTE : PLAN DE VOTRE DESIGN

AURA : COMMENT VOTRE ÉNERGIE EST PERÇUE

TYPE : VOTRE FONCTIONNEMENT ÉNERGÉTIQUE

STRATÉGIE : PRENDRE LES MEILLEURES DÉCISIONS

SOI : ÉMOTION POSITIVE

NON-SOI : ÉMOTION NÉGATIVE

CENTRES : COMMENT TRAVERSENT LES ÉNERGIES

PORTES : ASPECTS DE VOTRE PERSONNALITÉ

CANAUX : ZONES DE TALENTS

CENTRE DÉFINI : ÉNERGIE QUI ÉMANE DE SOI

CENTRE NON DÉFINI : QUI ÉMANE DE L'EXTÉRIEUR

PROFIL : VOTRE RÔLE AU QUOTIDIEN

PERSONNALITÉ : CONSCIENT

DESIGN : INCONSCIENT

G : GENERATOR

MG : MANIFESTING GENERATOR

M : MANIFESTOR

P : PROJECTOR

R : REFLECTOR

PARTIE 2

COMPRENDRE UNE CHARTE
ET SE POSER LES BONNES QUESTIONS

Une charte est le « portrait » de votre design qu'il est possible de générer en notifiant vos informations de naissance.

COMMENT CELA FONCTIONNE ? Pour commencer, vous pouvez générer votre charte gratuitement sur des sites tels que *www.mybodygraph.com*, puis y déposer votre prénom, date, heure et lieu de naissance. Vous vous retrouverez devant ce même schéma que vous avez sur la page suivante avec plusieurs informations *(attention, la plupart des sites sont en anglais, donc les informations le seront aussi)* vous indiquant votre type énergétique, stratégie, soi et non soi, etc.

Durant cette lecture, je vous invite à utiliser un statut de spectateur, d'avoir une vision d'ensemble sur votre vie, vos schémas et expériences afin de visualiser avec détachement votre mécanisme. Chaque nouvelle information que vous aller apprendre sur votre design devrait vous amener à vous poser ces questions : dans quel contexte, domaines, sphères de ma vie cette information à un impact ? Est-ce que cela me parle ? À quelle échelle ? Et si ça ne me parle pas, pourquoi ? Y a t-il un conditionnement ? Et si je tentais d'expérimenter ces informations ?. C'est dans le questionnement et l'expérience dans la vie de tous les jours que vous allez conscientiser votre mécanisme, afin de l'équilibrer de manière à ce qu'il soit parfaitement en adéquation avec vous même à ce moment de votre vie.

1 : *Centre de la tête*

2 : *Centre de l'ajna*

3 : *Centre de la gorge*

4 : *Centre du soi (G)*

5 : *Centre du coeur*

6 : *Centre du plexus solaire*

7 : *Centre du sacral*

8 : *Centre splénique*

9 : *Centre de la racine*

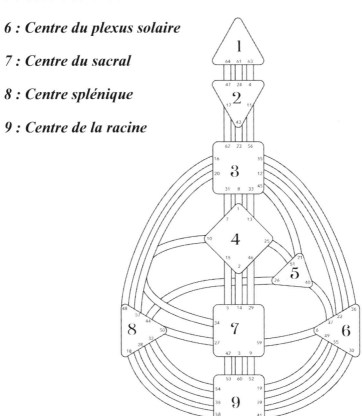

1 **Aller sur le site www.mybodygraph**

2 **Insérez vos informations de naissance**
(prénom, date, heure et lieu de naissance)
attention en anglais avec l'heure : AM (matin) et PM
(après midi)

3 **Gardez la charte sous vos yeux durant votre lecture**
avec le livre. Vous aurez besoin de ces informations:
type / stratégie / autorité / profil + le visuel de votre
charte.

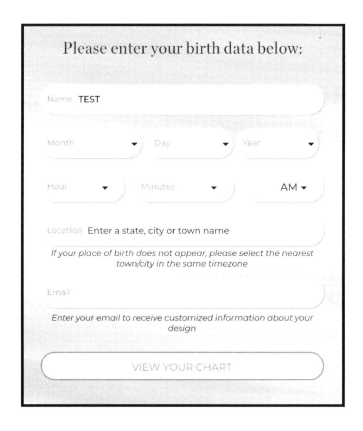

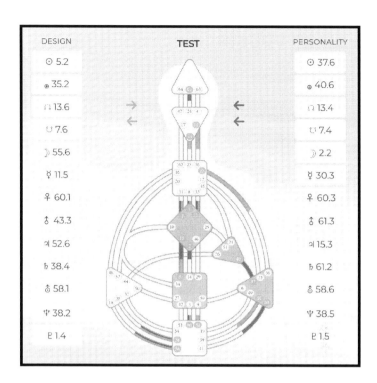

DESIGN	TEST	PERSONALITY
☉ 5.2		☉ 37.6
⊕ 35.2		⊕ 40.6
☊ 13.6		☊ 13.4
☋ 7.6		☋ 7.4
☽ 55.6		☽ 2.2
☿ 11.5		☿ 30.3
♀ 60.1		♀ 60.3
♂ 43.3		♂ 61.3
♃ 52.6		♃ 15.3
♄ 38.4		♄ 61.2
⚷ 58.1		⚷ 58.6
♆ 38.2		♆ 38.5
♇ 1.4		♇ 1.5

CHART PROPERTIES

(Click on any of the underlined words
to learn more about each part of your chart)

BIRTH DATE: 2ND MARCH 1990 @ 03:02 IN PARIS, ILE-DE-FRANCE, FRANCE

TYPE: GENERATOR
THE LIFE FORCE - PEOPLE WHO ARE HERE TO LIFT THE ENERGY OF THE WORLD

STRATEGY: RESPONDING

AUTHORITY (THE WAY YOU MAKE DECISIONS): EMOTIONAL - SOLAR PLEXUS
BASED ON HOW SOMETHING MAKES YOU FEEL

DEFINITION: SPLIT DEFINITION
THERE ARE TWO DISTINCT DIFFERENT VOICES INSIDE YOUR SYSTEM

PROFILE: 6/2: THE EXEMPLARY HUMAN

INCARNATION CROSS: LEFT ANGLE CROSS OF MIGRATION (37/40 | 5/35)

NOT SELF THEME (THE TELL-TALE FEELING THAT HAPPENS WHEN YOUÂ€™RE NOT LIVING YOUR DESIGN):
FRUSTRATION

DIGESTION: EVENING EATING (INDIRECT LIGHT)

YOUR STRONGEST SENSE: TOUCH

CENTRES : formes géométriques

CANAUX

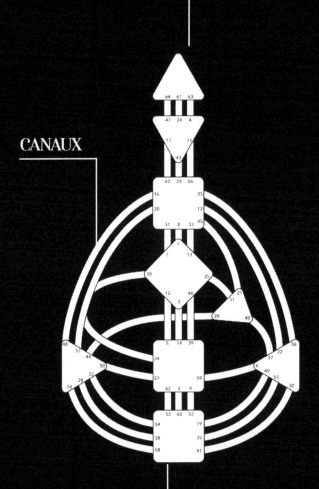

PORTES : numéros

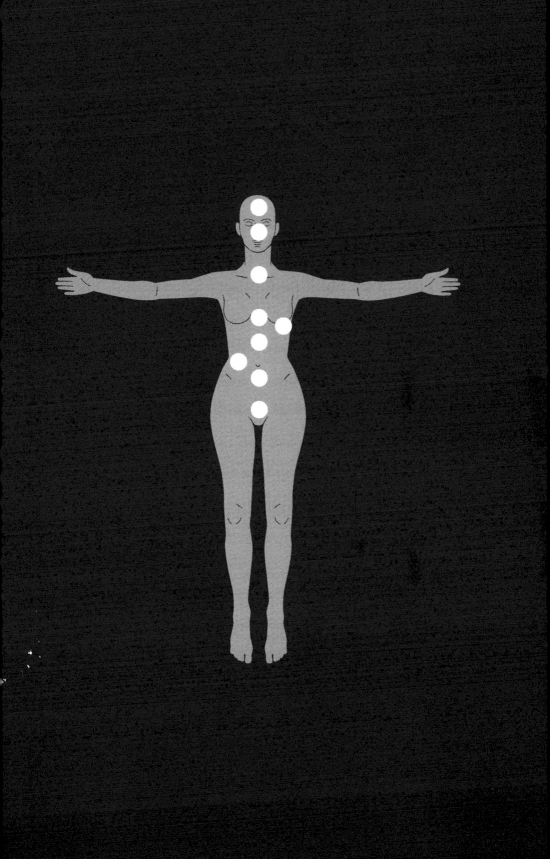

LES 5 TYPES ÉNERGÉTIQUE EN DESIGN HUMAIN

Le Design humain divise la population mondiale en « 5 types ». Ces 5 types énergétiques correspondent à notre empreinte énergétique, notre vibration. C'est vraiment la première impression que l'on va avoir des autres mais aussi celle que les autres auront de nous même.

Notre type énergétique ne reflète qu'une infime partie de notre mécanisme, c'est un peu la partie immergée de l'iceberg. Nous allons découvrir ensemble qu'il y a d'autres aspects qui nous définissent en tant que personnes, en tant que SOI. Apprendre à se comprendre, mais surtout à s'accepter, est la plus belle chose que nous pouvons nous offrir aujourd'hui, dans ce monde qui nous demande perpétuellement de *faire* et non d'*être*. Vous comprendrez alors qu'il ne peut exister aucune comparaison possible avec autrui, car vous êtes unique. ***Il n'y a pas d'autre place que la vôtre.***

Il est possible qu'au cours de cette lecture, votre mental ou bien votre égo souhaite prendre le lead et vous faire penser que si vous avez tel type énergétique vous serez « moins » qu'un autre, que si vous avez ou n'avez pas de centres définis vous allez vous catégoriser à une certaine étiquette, etc. N'oubliez jamais que la nature ne peut se tromper concernant votre incarnation, vous êtes ici pour apprendre et grandir, depuis votre individuation* personnelle.

*L'individuation est un concept-clé de la psychologie analytique du psychiatre suisse Carl Gustav Jung.

GENERATOR 37% DE LA POPULATION

- Énergie qui s'autoalimente
- S'adaptent à toutes les situations
- Génèrent sur du long terme

 MANIFESTING-G 33% DE LA POPULATION

- Énergie qui s'autoalimente
- Sait faire plusieurs choses à la fois
- Créatifs et indépendants

 PROJECTOR 21% DE LA POPULATION

- Vive les émotions des autres
- Besoin d'être reconnus
- Miroir de leurs entourages

 MANIFESTOR 8% DE LA POPULATION

- Propulseurs d'action
- Initiateurs
- Besoin d'indépendance

 REFLECTOR 1% DE LA POPULATION

- Énergie lunaire
- Captent et amplifies les énergies des autres
- Se sentent parfois incompris

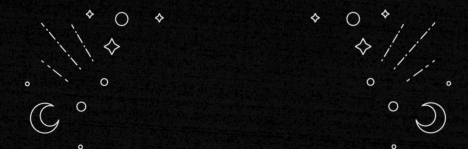

GENERATOR

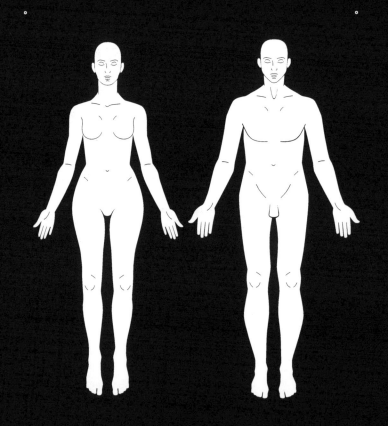

AURA

ouverte et accueillante

ÉNERGIE

centre sacral actif

SOI NON SOI

satisfaction et frustration

STRATÉGIE

attendre et répondre

Le type énergétique du GENERATOR est considéré comme une personnalité qui s'adapte plutôt bien au monde et à sa demande. Une grande majorité de la population sont en effet des generators, qui représentent 37% (à l'échelle mondiale) en matière d'énergie, c'est-à-dire, dans la manière d'aborder la vie, les rencontres et dans leurs façons de faire.

Le generator détient une source immense d'énergie et de créativité qui provient de son centre sacral (seul le generator et le manifesting generator ont ce centre de défini), le plaçant sur le podium du type le plus énergique. Cela lui confère un magnétisme et une énergie inépuisable lorsqu'il fait ce qu'il aime et ce qui lui correspond. De ce fait, il détient la capacité à se recharger au fur et à mesure qu'il va « faire », qu'il va générer. En somme, plus un generator va s'engager dans une activité, un travail, un projet qui le fait vibrer, plus son énergie se rechargera. Elle lui offrira l'endurance nécessaire pour aller au bout des choses, là où d'autres types énergétiques se fatigueront plus vite (car ils n'auront pas ce centre sacral défini). De plus, cela activera son magnétisme à attirer à lui les bonnes personnes, les bonnes opportunités, les bonnes idées, expériences...

Quand je parle de « travail », de « faire » et de « générer » cela peut avoir une signification différente pour chaque individu generator et ne se traduit pas d'une «machine à tout faire» comme on pourrait le comprendre depuis ces mots de notre jargon moderne. Le generator est une personnalité très connectée à l'être humain, aux échanges, aux partages. C'est d'ailleurs souvent celui qui a passé sa vie à inviter les autres, en se disant qu'il avait l'énergie nécessaire pour tout faire. Si je devais décrire un generator en quelques mots, ce serait une personne ouverte, qui adore rencontrer et discuter avec de nouvelles personnes. Quelqu'un qui croque la vie à pleine dent dans ses activités de vie, qui a parfois du mal à dire non parce qu'il aime aider l'autre, souvent en s'oubliant lui-même. Le partage et les moments avec autrui sont pour lui une source de complaisances, tout autant que ce qu'il fait dans la vie.

En tant qu'humains, nous avons tous ce que l'on appelle une *aura*. L'aura, c'est cette bulle invisible qui se trouve en permanence autour de nous, et fait venir à nous des situations de vie différentes en fonction de notre vibration énergétique. L'aura du generator est dite : « **ouverte** » et « **accueillante** » c'est-à-dire que son aura, sa vibration, travaille de manière inconsciente pour attirer à lui des contacts et échanges, l'amenant ensuite vers des invitations et expériences de vie. Le generator est un type énergétique ouvert au monde, avec une bienveillance générale qui nous fait tomber sous le charme de leurs identités.

Il est très agréable d'être entouré d'un generator car les autres types énergétiques vont ressentir (inconsciemment) son centre sacral défini et vouloir lui « emprunter » afin de se comporter de manière aussi énergique que lui. C'est pourquoi le generator doit faire très attention à son entourage, car s'il ne se met pas de barrières, il va potentiellement finir par s'épuiser sans s'en rendre compte et par être sursollicité des autres qui profiteront de cette énergie.

Pour être le plus aligné possible avec l'énergie du generator, il y a ce que l'on appelle la *stratégie*. La stratégie c'est **la** chose à utiliser pour vivre fluidement dans ses actions et réactions de vie et bien sûr, chaque type à sa propre stratégie. Celle du generator est d'**attendre et de répondre**. Attendre, c'est être attentif aux invitations de la vie, qu'elles soient frontales avec une tierce personne (exemple : une amie vous propose d'aller boire un verre ce soir = invitation frontale) ou bien non verbales (exemple : vous regardez une série sur l'investissement immobilier, cela vous donne envie de mettre des choses en place = invitation de la vie). Les opportunités se mettent en place sur le plan énergétique et croisent leur route grâce à leur aura qui magnétise, qui attire le monde extérieur jusqu'à eux.

Répondre n'est pas une réponse du mental, mais physique, une réponse qui vient du ventre, des tripes, du sacral. Elle vous diras si vous avez l'énergie nécessaire à faire ou non quelque chose. Cela s'apparente souvent à un réflexe du corps (exemple : le corps part en avant pour oui, en arrière pour non), ou bien un son (exemple : hmmm pour oui, hm! pour non). Enfant, à la maison ou bien à l'école, il ne nous est pas appris d'écouter notre corps et ses réponses, il faut donc prendre le temps de comprendre son mécanisme, tout en faisant attention à ne pas laisser le mental passer aux commandes. La réponse du sacral est instantanée et ne dure que quelques secondes, s'ensuit le mental qui viendra choisir à sa place en utilisant son conditionnement d'éducation. Pour apprendre à reconnaître les réponses du corps, demandez à votre entourage de vous posez des questions fermées afin d'engager le sacral, et donc, le réflexe du corps.

Quand l'énergie du generator est lancée dans une activité, un projet une sortie, il est presque impossible de l'arrêter, c'est pourquoi il est indispensable pour lui d'écouter la réponse de son corps afin de ne pas s'engager dans quelque chose qui ne le fait pas «vibrer» qui ne le nourrit pas. Il est vraiment essentiel pour un generator de réagir, réagir aux idées, aux propositions, aux demandes, aux signes de la vie et non d'agir ou bien d'initier. Car lorsqu'un generator initie un projet, il est grandement possible que celui-ci se retrouve dans de la résistance et de l'épuisement mental, car son énergie n'est pas conçue pour initier, mais pour générer. Il se retrouvera alors dans des situations de blocages, et pourrait ne jamais terminer des projets entrepris et les abandonner.

Le generator a souvent l'habitude de lancer des actions, activités, sorties, parce qu'il pense que s'il ne le fait pas, rien ne se passera dans sa vie. Et c'est là le grand piège qui l'asservit. Plus un travail de déconditionnement se fera et amènera le generator à réagir aux invitations extérieures (de la vie ou frontale) plus il conscientisera que ses croyances sont infondées.

Chaque type énergétique possède ce que l'on appelle « le soi et le non-soi ». C'est une caractéristique correspondant à sa propre sphère émotionnelle qu'il est important de travailler afin de s'aligner dans ses choix de vie et de leur impact interne. La caractéristique dessine donc de l'émotion positive, c'est-à-dire «le soi», et son contraire, l'émotion négative «le non-soi». Pour un generator, le soi correspond à **la satisfaction**. C'est l'émotion qu'il doit chercher un maximum à nourrir, à faire grandir dans son spectre émotionnel pour se sentir bien et complet. Son alter ego correspond à **la frustration**. La frustration, c'est ce qu'il doit chercher à éviter, à bannir de son quotidien. Nous avons tous bien entendu la faculté à ressentir ces émotions, mais pour chaque type énergétique, le soi et le non-soi sont des émotions qui seront beaucoup plus exacerbées que le reste, en tout cas qui le devrait, cela dépend à nouveau du conditionnement de la personne.

Le sommeil d'un generator, pour être le plus réparateur possible, devrait prendre l'habitude de libérer toutes ces énergies accumulées au cours de la journée, ainsi, être dans un état d'épuisement sain. Ce qui lui permettra de lancer la regénération de son centre sacral pour débuter une nouvelle journée le lendemain. Pour cela, le generator doit également se sentir pleinement satisfait de sa journée, si cela n'est pas le cas, il peut mettre en place des actions comme l'écriture, le journaling, un sport, ou quelques activités qu'elles soient, tant que celle-ci lui permette de s'endormir, en ressentant une fatigue saine.

ACTIONS DU SOI

1 : ATTENDRE L'INVITATION

2 : RÉPONDRE AVEC SON AUTORITÉ

3 : SATISFACTION

4 : ALIGNEMENT

ACTIONS DU NON SOI

1 : NE PAS ATTENDRE L'INVITATION

2 : NE PAS RÉPONDRE AVEC SON AUTORITÉ

3 : FRUSTRATION

4 : NON-ALIGNEMENT

LE CONSEIL ULTIME POUR UN GENERATOR :
que son entourage lui pose des questions
fermées pour engager la réponse du corps

UN GENERATOR ALIGNÉ

1 - Faire des activités / projets qui le nourrit

2 - Réagir aux invitations (frontale ou aux signes de la vie)

3 - Savoir dire non pour préserver son énergie

4 - Procéder étape par étape (bullet journal, to-do list..)

5 - Écouter la réponse du corps pour prendre une décision

6 - Se sentir satisfait à la fin de sa journée

7 - S'endormir en ayant vidé son énergie

8 - Prendre du plaisir dans ce qu'il fait

9 - Écouter sa stratégie

10 - Faire confiance en son aura

UN GENERATOR DÉSALIGNÉ

1 - Faire des activités / projets qui ne le nourrissent pas

2 - Initier des projets sans «invitation»

3 - Dire oui à tout et tout le monde et finir épuisé et fatigué

4 - Ne termine pas un projet, ou bien abandonne

5 - N'écoute pas son corps et répond avec son mental

6 - Ne pas se sentir satisfait à la fin de sa journée (non-soi)

7 - S'endormir en ayant encore de l'énergie (non réparateur)

8 - Fais les choses (pro/perso) sans réelle envie

9 - N'écoute pas sa stratégie

10 - Ne fais pas confiance en son aura

RECONNAÎTRE UN GENERATOR SUR UNE CHARTE HUMAN DESIGN

COMMENT RECONNAÎTRE LE TYPE ÉNERGÉTIQUE DU GENERATOR SUR UNE CHARTE ?

Un generator aura toujours le centre sacral (1) de coloré donc défini ainsi que le centre de la gorge (2) blanc non défini ou bien, il peut être coloré, mais il n'est pas relié (par un canal) à un centre moteur (plexus solaire, coeur, sacral, racine).

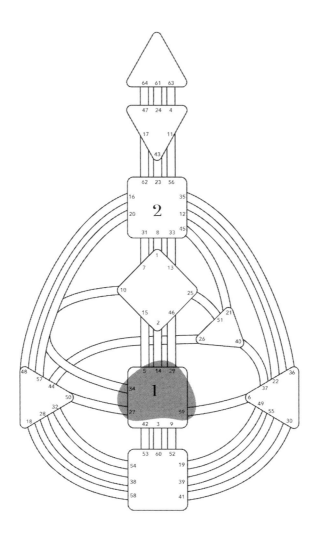

UN ENFANT GENERATOR

COMMENT ÊTRE À L'ÉCOUTE D'UN ENFANT GENERATOR ?

1.

Le laisser «gémir», faire du bruit, c'est sa façon à lui de s'exprimer, son sacral parle à la place de sa voix, c'est comme ça que vous pourrez définir ses envies, ses oui et ses non.

2.

Lui offrir des temps d'épuisement le soir avant de se coucher, il a besoin de décharger toute son énergie accumulée dans la journée. Un sport, jouer souvent ou même lire sera très bon pour un enfant generator.

3.

Lui poser des questions fermées afin d'engager son sacral qu'il ne puisse répondre que par oui ou non.

4.

Le laisser terminer lorsqu'il a besoin que quelque chose soit terminé, même s'il doit se coucher tard. Il sera très satisfait de lui et aura un sommeil réparateur.

MANIFESTING GENERATOR

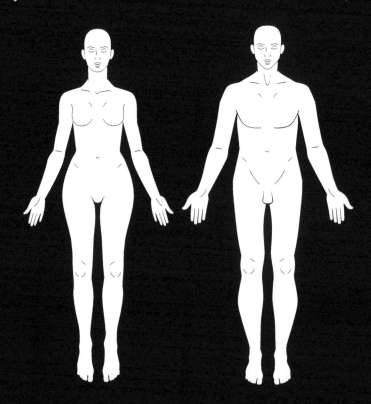

AURA

ouverte et enveloppante

ÉNERGIE

centre sacral actif

SOI NON SOI

satisfaction / paix et frustration / colère

STRATÉGIE

attendre et répondre avec un moment de révélation

Le type énergétique du MANIFESTING GENERATOR est à la base, un seul et même type énergétique avec le Generator. Celui-ci présentant une part de manifestation (manifesting) en lui, il a donc été scindé en un type à part entière. Le manifesting generator en matière de chiffre représente 33% de la population mondiale. Ainsi, avec le generator, ils représentent à eux deux 70% de la population, nous sommes donc en grande partie entourés de ces énergies. C'est un type qui s'adapte plutôt bien à la demande de la société, mais qui peut aussi se sentir incompris dans sa façon de procéder, de penser ou de voir la vie.

Le manifesting generator fonctionne principalement comme un generator, (se référer au chapitre du generator pour plus de détails) il détient une source immense d'énergie et de créativité qui provient de son centre sacral. Cela lui confère une énergie inépuisable et constante et le place sur le podium du type le plus énergique. Il a la capacité de se recharger au fur et à mesure qu'il va générer (faire quelque chose), car le « travail » est pour lui source de complétude. Plus un manifesting generator va s'engager dans une activité, un travail, un projet qui le fait vibrer, plus son énergie se rechargera et lui offrira l'endurance nécessaire pour aller au bout des choses, là où d'autres types énergétiques se fatigueront plus vite (car ils n'auront pas ce centre sacral défini). La différence avec le generator est que le manifesting generator a besoin de beaucoup plus de liberté et de flexibilité dans sa vie quotidienne, au travail, et avec son entourage. Il a cette énergie du manifestor avec son centre de la gorge actif qui lui permet de manifester (de parler) et de visualiser les étapes d'un projet, d'une activité, d'un voyage ou plus encore. On pourrait le voir comme un visionnaire qui va regarder au plus loin afin de savoir si l'action qu'il va entreprendre lui convient et convient à son énergie. Il a ce besoin de tester, de mettre en place, d'organiser et travailler sur plusieurs projets en même temps. Dans son processus de création, il cherchera toujours à trouver la manière la plus rapide pour faire les choses, quitte à revenir sur ses pas si besoin. Le manifesting generator est le visionnaire parfois impatient qui recherchera l'efficacité universelle en toutes choses, et ira directement à l'essentiel bien qu'il prenne le temps dans des projets et activités qui vont véritablement le nourrir. C'est un type qui aime les to-do liste, car il aime être satisfait de son accomplissement personnel et professionnel.

En tant qu'humains, nous avons tous ce que l'on appelle une *aura*. L'aura, c'est cette bulle invisible qui se trouve en permanence autour de nous, et fait venir à nous des situations de vie différentes en fonction de notre vibration énergétique. L'aura du manifesting generator est dite : « **ouverte** » et « **accueillante** » c'est-à-dire que son aura, sa vibration, travaille de manière inconsciente pour attirer à lui des contacts et échanges, l'amenant ensuite vers des invitations et expériences de vie. Le manifesting generator est un type énergétique ouvert au monde, avec une bienveillance générale qui nous fait tomber sous le charme de leurs identités. Cependant il a une partie de manifestor en lui, il a donc cette particularité d'être parfois sélectif avec son entourage, il faut que les personnes qui l'entourent lui apportent de la satisfaction et une certaine forme d'épanouissement dans ses relations.

Pour être le plus aligné possible avec l'énergie du manifesting generator, il y a ce que l'on appelle la *stratégie*. La stratégie c'est **la** chose à utiliser pour vivre fluidement dans ses actions et réactions de vie et bien sûr, chaque type à sa propre stratégie. Celle du generator est d'**attendre et de répondre avec un moment de révélation**. Attendre, c'est être attentif aux invitations de la vie, qu'elles soient frontales avec une tierce personne (exemple : une amie vous propose d'aller boire un verre ce soir = invitation frontale) ou bien non verbales (exemple : vous regardez une série sur l'investissement immobilier, cela vous donne envie de mettre des choses en place = invitation de la vie). Les opportunités se mettent en place sur le plan énergétique et croisent leur route grâce à leur aura qui magnétise, qui attire le monde extérieur jusqu'à eux.

Répondre n'est pas une réponse du mental, mais physique, une réponse qui vient du ventre, des tripes, du sacral. Elle vous diras si vous avez l'énergie nécessaire à faire ou non quelque chose. Cela s'apparente souvent à un réflexe du corps (exemple : le corps part en avant pour oui, en arrière pour non), ou bien un son (exemple : hmmm pour oui, hm! pour non). Enfant, à la maison ou bien à l'école, il ne nous est pas appris d'écouter notre corps et ses réponses, il faut donc prendre le temps de comprendre son mécanisme, tout en faisant attention à ne pas laisser le mental passer aux commandes. La réponse du sacral est instantanée et ne dure que quelques secondes, s'ensuit le mental qui viendra choisir à sa place en utilisant son conditionnement d'éducation. Pour apprendre à reconnaître les réponses du corps, demandez à votre entourage de vous posez des questions fermées afin d'engager le sacral, et donc, le réflexe du corps.

La différence avec le generator, est que le manifesting generator a besoin de ce que j'appelle : le moment de révélation. C'est-à-dire qu'il va répondre à une invitation, puis aura besoin de passer à l'action afin de savoir si cela lui convient ou non, et donc d'activer son énergie pour l'effectuer. Ce moment de révélation peut souvent le faire changer d'avis, car une réponse positive ou négative aujourd'hui n'assure pas la même réponse dans une semaine (exemple : un de vos amis vous propose d'aller au restaurant 5 jours plus tard, sur le coup, votre énergie du sacral vous envoie un grand « oui! », arrive le jour de cette sortie, et au moment de se préparer et de partir pour aller boire ce verre entre amis, vous vous rendez compte que vous n'avez plus très envie d'y aller). Votre énergie a donc eu ce moment de révélation par l'*action*. Ne vous en voulez pas de dire non si votre énergie n'est pas disponible, afin d'éviter toute source d'épuisement. Ce qui est important pour un manifesting generator est l'instant présent, et non pas ce qu'il a pu faire ou dire deux jours avant. Bien sûr, tout dépend de son conditionnement, certains ne comprendront/ ne ressentiront pas ce moment de révélation, car ils se tiendront à leur première réponse, et honoreront celle-ci coûte que coûte.

Malheureusement, cela peut rapidement faire basculer le Manifesting generator dans de l'épuisement, de la frustration car il ira au bout de quelque chose qui finalement, ne lui donne pas plus envie que ça. C'est pour cela qu'il doit apprendre à apprivoiser ce moment de révélation afin de se sentir en paix. A contrario, quand un manifesting generator fait quelque chose qu'il aime, il sera très méticuleux, prendra le temps de bien faire, car son accomplissement réside dans son « travail » personnel et professionnel. Il matérialise, fait avancer les choses plus vite afin d'apporter un coup de pep's à tout ce qu'il touche, c'est un superbe allié de travail et ami qui vous fera vivre de très belles expériences.

Chaque type énergétique possède ce que l'on appelle le *soi* et le *non soi*. C'est une caractéristique correspondant à sa propre sphère émotionnelle qu'il est important de travailler afin de s'aligner dans ses choix de vie et de leur impact interne. La caractéristique dessine donc de l'émotion positive, c'est-à-dire «le soi», et son contraire, l'émotion négative «le non soi». Pour un manifesting generator, le soi correspond à **la satisfaction**. C'est ce qu'il doit chercher un maximum à nourrir, à faire grandir dans son spectre émotionnel pour se sentir aligné (exemple : la satisfaction d'avoir effectué toutes ses tâches à la fin de sa journée). Ayant également une énergie du manifestor en lui, il va aussi rechercher le sentiment de paix dans ses relations et dans son environnement, mais il aura avant tout, besoin de satisfaction. Son alter ego est **la frustration**. C'est ce qu'il doit chercher à éviter, à bannir de son quotidien, ainsi que de la *colère* qui peut parfois monter en lui (passive ou aggressive) dû à son centre de la gorge actif. Nous avons tous la faculté de ressentir ces émotions, mais pour chaque type énergétique, le soi et le non soi sont des émotions qui sont beaucoup plus exacerbées que le reste, en tout cas qui le devrait, cela dépend à nouveau du conditionnement de la personne.

Le sommeil d'un manifesting generator, pour être le plus réparateur possible, devrait prendre l'habitude de libérer toutes ces énergies accumulées au cours de la journée, ainsi, être dans un état d'épuisement intérieur, afin de lancer la re-génération de son centre sacral pour débuter une nouvelle journée pleine de ressource le lendemain.

ACTIONS DU SOI

1 : ATTENDRE L'INVITATION

2 : RÉPONDRE AVEC SON AUTORITÉ

3 : MOMENT DE RÉVÉLATION

4 : SATISFACTION / PAIX

5 : ALIGNEMENT

ACTIONS DU NON SOI

1 : NE PAS ATTENDRE L'INVITATION

2 : NE PAS RÉPONDRE AVEC SON AUTORITÉ

3 : NE PAS ATTENDRE LA RÉVÉLATION

4 : FRUSTRATION / COLÈRE

5 : NON-ALIGNEMENT

LE CONSEIL ULTIME POUR UN MG :
Réagir (aux autres, aux idées) au lieu d'agir.
Lui poser des questions fermées pour engager
son corps

UN MANIFESTING-G ALIGNÉ

1 - Faire des activités / projets qui le nourrissent

2 - Trouver la manière la plus rapide de faire les choses

3 - Savoir dire non pour préserver son énergie

4 - Faire plusieurs choses en même temps

5 - Écouter la réponse du corps pour prendre une décision

6 - Écouter son moment de révélation

7 - Se coucher en ayant vidé son énergie sainement
(en étant satisfait de sa journée)

8 - Accepter qu'il puisse changer d'avis

9 - Écouter sa stratégie

10 - Informer les autres de ses actions, activités

UN MANIFESTING-G DÉSALIGNÉ

1 - Initier comme un manifestor

2 - Ressentir de la frustration, de la colère et de l'épuisement

3 - Ne pas écouter son moment de révélation

4 - Se laisser disperser par tout ce qu'il a entrepris

5 - N'écoute pas son corps et réponds avec son mental

6 - Ne pas se sentir satisfait à la fin de sa journée (non-soi)

7 - S'engager dans des projets/activités qui ne le nourrissent pas

8 - Ne pas écouter sa stratégie

9 - Ne pas se laisser de l'espace dans ses projets

10 - Ne pas informer les autres et ressentir de la colère

COMMENT RECONNAÎTRE LE TYPE ÉNERGÉTIQUE DU MANIFESTING GENERATOR SUR UNE CHARTE ?

Un manifesting generator aura toujours le centre sacral (1) de coloré donc de défini ainsi que le centre de la gorge (2) défini également. Le centre de la gorge est relié (par un canal) à un centre moteur (plexus solaire, coeur, sacral, racine).

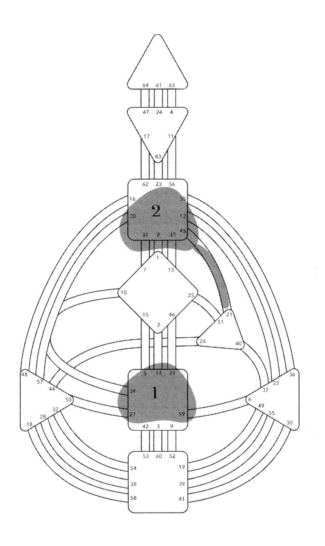

UN ENFANT MANIFESTING
GENERATOR

COMMENT ÊTRE À L'ÉCOUTE D'UN ENFANT MANIFESTING GENERATOR ?

1.
Le laisser «gémir», faire du bruit, c'est sa façon à lui de s'exprimer, son sacral parle à la place de sa voix, c'est comme ça que vous pourrez définir ses envies, ses oui et ses non.

2.
Lui offrir le plus de temps possible pour qu'il explore sa créativité, qu'elle soit physique ou artistique, qu'il touche à tout afin de découvrir ce qui le passionne. Ne pas attendre qu'il termine tout ce qu'il commence.

3.
Lui poser des questions fermées afin d'engager son sacral qu'il ne puisse répondre que par oui ou non.

4.
Lui apprendre qu'il peut changer d'avis lorsqu'il prend une décision, souhaite quelque chose, fait un choix.

MANIFESTOR

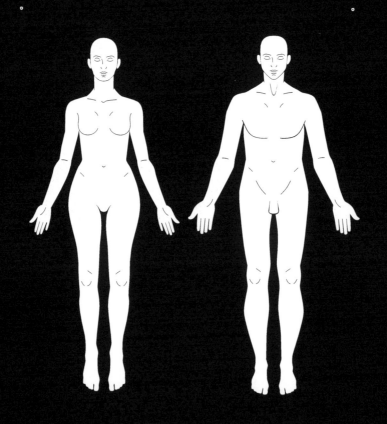

AURA

sélective

ÉNERGIE

fluctuante

SOI NON SOI

paix et colère

STRATÉGIE

informer

Le type énergétique du MANIFESTOR est considéré comme un type assez rare, qui se sent souvent (suivant son conditionnement) en marge de la société, car il est en décalage dans sa manière de communiquer. En matière de chiffres, il représente 8% de la population mondiale. Le manifestor n'a pas le centre sacral défini, c'est-à-dire que son énergie n'est pas constante. Elle ne travaille pas comme les generators et manifesting generators qui peuvent s'auto-alimenter au fur et à mesure qu'ils vont faire, qu'ils vont générer. De ce fait, l'énergie fluctuante du manifestor va s'épuiser au bout d'un moment, et aura besoin d'un temps de repos plus ou moins long afin de recharger ses batteries et d'être à nouveau créatif. Sa persévérance au travail et dans ce qu'il entreprend n'est pas toujours disponible pour lui, cependant, il va pouvoir générer un travail de qualité en quelques heures, ce que d'autres types feront en 8h de temps. Avec son centre de la gorge défini, il aura un accès régulier dans sa capacité à manifester, à s'exprimer ; et même s'il se sent fatigué, il aura toujours cette possibilité d'exprimer ses ressentis et ses envies.

Le manifestor manifeste, il est à l'image du leader utopiste qui va proposer ses idées au monde afin de les matérialiser. Il a une énergie indépendante, et a beaucoup de mal à accepter les règles et l'autorité de manière générale car pour lui, il est normal de faire les choses comme bon lui semble. Essayer de contrôler un manifestor en lui disant quoi faire et où aller lui déclenchera beaucoup de colère (qu'elle soit passive ou agressive), car il ne supporte pas la résistance des autres face à son besoin vital de liberté. Chaque être humain a un certain besoin de liberté, chez le manifestor il est simplement plus important. L'énergie du manifestor est là pour aider et impacter les autres à se transformer, grâce à ses idées et façons de voir la vie qu'il utilise de manière créative.

En tant qu'humains, nous avons tous ce que l'on appelle une *aura*. L'aura, c'est cette bulle invisible qui se trouve en permanence autour de nous, et fait venir à nous des situations de vie différentes en fonction de notre vibration énergétique. L'aura du manifestor est dite **sélective**. La première fois que l'on rencontre un manifestor cela apporte beaucoup de confusion chez l'autre, car il a du mal à lire et à comprendre l'aura du manifestor, on peut parfois dire de lui qu'il est fermé, ou mystérieux. De ce fait, avec son énergie sélective, soit on apprécie un manifestor soit ça ne passera malheureusement pas, il n'y a pas vraiment de juste milieu. Ou bien, lorsqu'il essaiera de plaire à certaines personnes cela amènera beaucoup de résistance chez l'un ou chez l'autre car ce ne sera pas naturel.

Pour être le plus aligné possible avec l'énergie du manifestor, il y a ce que l'on appelle la *stratégie*. La stratégie c'est **la** chose à utiliser pour vivre fluidement dans ses actions et réactions de vie et bien sûr, chaque type à sa propre stratégie. Celle du manifestor est d'**informer.** Même si cela peut paraître paradoxal, car il a un grand besoin d'indépendance, d'informer sur ce qu'il va faire (donc avant toute action) lui permettra de ne pas ressentir de résistance. Informer est à comprendre au sens propre du terme, exprimer à son entourage ses envies et besoins personnels ou professionnels, avec le plus de détails possible afin qu'il n'y est pas de questions venant le déranger et potentiellement déclencher de la colère. Cela lui offrira la possibilité de faire ce que bon lui semble même si les autres ne sont pas en accord avec cela, car il aura informé de ses actions, projets, envies, etc.

Chaque type énergétique possède ce que l'on appelle le *soi* et le *non-soi*. C'est une caractéristique correspondant à sa propre sphère émotionnelle qu'il est important de travailler afin de s'aligner dans ses choix de vie et de leur impact interne. La caractéristique dessine donc de l'émotion positive, c'est-à-dire « le soi », et son contraire, l'émotion négative « le non-soi ». Pour un manifestor le soi est la **paix**, la paix c'est ce qu'il doit chercher à cultiver dans sa vie, c'est ce qui le fera se sentir bien dans sa tête et dans son environnement, mais aussi avec les autres. Si on le laisse en paix il le ressentira instinctivement. Le non soi pour le manifestor est la **colère**. Il la ressentira s'il n'écoute pas sa stratégie d'informer, et cela peut prendre plusieurs formes : une colère agressive ou passive avec ses débordements. Nous avons tous la faculté de ressentir ces émotions, mais pour chaque type énergétique, le soi et le non-soi sont des émotions qui sont beaucoup plus exacerbées que le reste, en tout cas qui le devrait, cela dépend à nouveau du conditionnement de la personne.

Le manifestor n'a pas la capacité de générer et de travailler autant qu'un generator ou un manifesting generator (pas de sacral défini), ce pourquoi il doit apprendre à apprivoiser son énergie afin de ne pas entrer dans le non-soi, car il pourrait penser qu'il est moins endurant que les autres. Malgré son grand besoin d'indépendance, il a également besoin des autres types énergétiques pour aller au bout de ses projets, c'est-à-dire de s'entourer de personnes qui vont avoir un sacral défini afin de l'aider à puiser dans cette énergie et l'amener vers ses objectifs de vie. Il y a une certaine forme d'équilibre à trouver entre son indépendance et ses projets de vie.

Le manifestor à la faculté de naturellement mettre des choses en place, mais ne les termine pas forcément, il faut accepter cette partie en lui qui agit avec indépendance et lance des projets, sans savoir s'ils verront le jour. C'est pourquoi il a parfois besoin de s'entourer lorsque ce qui l'anime doit être porté jusqu'au bout.

Le sommeil d'un manifestor, pour être le plus réparateur possible, devrait aller se coucher avant de se sentir épuisé. Il peut mettre en place des routines de nuit, 30 min à 1 heure avant de se coucher, où il prend le temps de lire, d'écrire, de lui offrir l'opportunité de se décharger des énergies qu'il aura reçues dans sa journée.

ACTIONS DU SOI

1 : INFORMER

2 : RÉPONDRE AVEC SON AUTORITÉ

3 : PAIX

4 : ALIGNEMENT

ACTIONS DU NON SOI

1 : NE PAS INFORMER

2 : NE PAS RÉPONDRE AVEC SON AUTORITÉ

3 : COLÈRE

4 : NON-ALIGNEMENT

LE CONSEIL ULTIME POUR UN MANIFESTOR :
Agir avec indépendance et ne pas se faire plus
petit pour être accepté de son entourage

UN MANIFESTOR ALIGNÉ

1 - Informer de ce qu'il va faire

2 - Faire le premier pas

3 - Apprendre à se reposer pour recharger ses batteries

4 - S'entourer d'autres types pour aller au bout d'un projet

5 - Écouter l'appel de l'indépendance

6 - Ne pas s'en vouloir de penser à lui en premier

7 - Utiliser sa stratégie pour éviter la colère

8 - Accepter de ne pas raisonner ou faire comme les autres

9 - Assumer son influence et son impact sur les autres

10 - Être à l'écoute de son corps pour repérer ses moments de fatigue

UN MANIFESTOR DÉSALIGNÉ

1 - Ne pas informer de ce qu'il va faire

2 - Ressentir de la colère et ne pas savoir la gérer

3 - Ne pas respecter son besoin de repos

4 - Mettre des projets en place sans aide extérieure

5 - Penser que les autres fonctionnent comme lui

6 - Se comporter comme un generator ou manifesting-g

7 - Être impulsif

8 - Ne pas répondre à son besoin d'indépendance

9 - Rentrer dans des cases (conditionnement)

10 - Cherche à plaire à tout le monde

COMMENT RECONNAÎTRE LE TYPE ÉNERGÉTIQUE DU MANIFESTOR SUR UNE CHARTE ?

Un manifestor aura toujours le centre de la gorge (1) de coloré donc de défini qui est relié (par un canal) à un centre moteur (ici pour exemple au coeur 2). Son centre sacral (3) est toujours blanc.

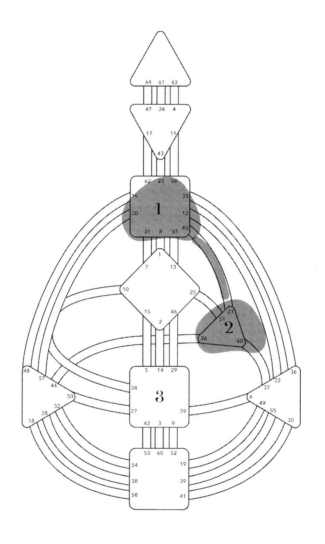

UN ENFANT MANIFESTOR

COMMENT ÊTRE À L'ÉCOUTE D'UN ENFANT MANIFESTOR ?

1.

Accepter que son enfant manifestor soit très indépendant et souhaite faire les choses «comme un grand».

2.

Lui apprendre à exprimer sa colère par des mots, car ce qu'il ressent est un manque de compréhension et de dialogue, prenez donc le temps d'échanger avec lui.

3.

Ne pas lui imposer les choses, ou lui ordonner de faire si et ça, préférez plutôt lui proposer des options, des propositions, qu'il puisse choisir par lui-même.

4.

Lui apprendre à se reposer et ne pas lui demander d'être aussi impliqué que les autres enfants dans ses activités.

PROJECTOR

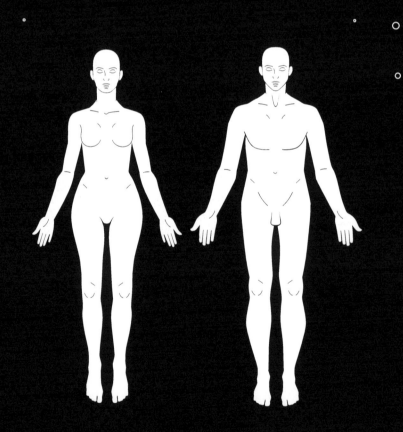

AURA

absorbante

ÉNERGIE

basse

SOI NON SOI

succès et amertume

STRATÉGIE

attendre l'invitation et saisir l'opportunité

Le type énergétique du PROJECTOR fait parti de 21% de la population mondiale. Il est considéré comme un type plutôt rare, qui peut se sentir incompris, du fait qu'il est moins endurant que d'autres types (comme le generator ou le manifesting generator). Mais c'est surtout par sa particularité à ressentir les énergies des autres que cela peut parfois être épuisant pour lui. Le projector ne se rend d'ailleurs pas forcément compte qu'il est projector car il a pu être éduqué comme un autre type, suivant celui de ses parents et l'imiter depuis toujours. Il y a 3 types de projector : le projector énergétique qui a au moins un centre moteur défini (centre de la racine, centre du plexus solaire ou centre du coeur), le projector classique qui n'a aucun centre moteur de défini, mais au moins un centre défini sous la gorge , puis le projector mental qui lui n'a aucun centre défini en dessous de la gorge. N'ayant pas le centre sacral de défini, son énergie n'est donc pas constante mais fluctuante et il ne peut pas s'y fier sur le long terme. C'est-à-dire qu'il va épuiser sa jauge d'énergie au fur et à mesure qu'il va générer, et quand celle-ci sera vidée, il lui faudra alors un temps de repos afin de recharger ses batteries pour être de nouveau productif. On voit généralement le projector comme un guide, une lumière, car il a cette capacité en lui de guider les autres en donnant de bons conseils (s'il est aligné) ayant cette particularité à être beaucoup plus sensible aux énergies des autres.

Il se nourrit de l'énergie, des émotions de ceux qui viennent le voir, exemple : au détour d'une conversation avec un ami qui a besoin d'une oreille attentive, le projector vivra alors intérieurement ce qu'il reçoit comme informations émotionnelles ou physiques pour ensuite y apporter ses qualités d'experts souvent en posant des questions justes et perspicaces qui amèneront à la personne avec qui il échange, à mieux comprendre une situation ou le diriger vers le chemin qui sera le plus adapté pour lui. Le projector est particulièrement sensible aux humains, il est là pour apporter un certain éclairage dans la vie de son entourage, afin qu'ils puissent transformer leurs vies de manière à être plus alignés et plus à l'écoute d'eux-mêmes. Son secret réside dans son amour pour la compréhension de l'autre, il voit les potentiels chez les autres et ne manque pas de le faire savoir. Parfois en donnant des conseils non sollicités qui peuvent créer des résistances chez ceux qui les recevront, ce pourquoi un projector doit veiller à avoir une personne prête à l'entendre et ouverte à sa réponse afin d'apporter la meilleure des aides.

En tant qu'humains, nous avons tout ce que l'on appelle une *aura*. L'aura, c'est cette bulle invisible qui se trouve en permanence autour de nous, et fait venir à nous des situations de vie différentes en fonction de notre vibration énergétique. L'aura du projector est dite **absorbante**. Son aura va, comme nous l'avons stipulé avant, venir se nourrir de l'énergie des autres types, l'absorber, la ressentir afin d'y apporter un éclairage. D'autre part, un projector sera bien plus efficace lorsqu'il sera connecté et focalisé sur une seule et même personne, afin de ressentir son énergie comme si c'était la sienne. Il est possible qu'il est déjà expérimenté une forme de résistance face aux autres, car certaines personnes ne sont pas prêtes à ce qu'on lise aussi naturellement en eux qu'un projector peut le faire et donc de s'en protéger. Du fait que son aura absorbe constamment les énergies autour de lui, le projector aura besoin de prendre du temps pour lui, des moments calmes, dans un endroit ou il se sent en sécurité, ou bien de se reposer quelques minutes afin de décharger ce qu'il reçoit de par ses centres non définis.

Pour être le plus aligné possible avec l'énergie du projector, il y a ce que l'on appelle la *stratégie*. La stratégie c'est **la** chose à utiliser pour vivre fluidement dans ses actions et réactions de vie et bien sûr, chaque type à sa propre stratégie. Celle du projector est **d'attendre l'invitation et saisir l'opportunité**. Cela veut dire qu'il doit être vu et reconnu pour ce qu'il représente et invité afin d'utiliser son énergie de « guide » (guide est propre à chaque projector, cela peut être dans un domaine spécifique, au travail, ou dans un domaine personnel, ce n'est pas forcément un guide du point de vue holistique). Lorsqu'un projector attend inconsciemment une invitation, il attend la reconnaissance des autres. Nous avons tous besoin de reconnaissance, mais pour lui cela est vital. Il devrait donc éviter d'initier les choses quand cela traite des grandes décisions de vie, mais plutôt d'attendre une invitation frontale et formelle.

Chaque type énergétique possède ce que l'on appelle le « *soi* » et le « *non-soi* ». C'est une caractéristique correspondant à sa propre sphère émotionnelle qu'il est important de travailler afin de s'aligner dans ses choix de vie et de leur impact interne. La caractéristique dessine donc de l'émotion positive, c'est-à-dire « le soi », et son contraire, l'émotion négative « le non-soi ». Pour un projector le soi est le **succès**, c'est ce qu'il doit chercher à cultiver. On parle ici d'un succès intérieur, d'un ressenti. Il atteindra ce sentiment de succès grâce à son aptitude dans sa manière d'échanger avec les autres en posant les bonnes questions, en étant entouré de personnes qui reconnaisse son énergie et sa qualité de guide et qui l'invitera à entrer dans leur vie. A contrario, s'il force la reconnaissance et ne respecte pas sa stratégie, donc en s'invitant lui-même à initier des choses ou bien en conseillant des gens qui ne lui auront pas demandé, tout cela le mènera à l'**amertume**. L'amertume, c'est ce qu'il doit chercher à fuir. Si un projector essaye d'attirer l'attention, il ressentira cette amertume, cette résistance car il ne sera pas aligné.

Le projector est le type énergétique du human design qui va devoir travailler son déconditionnement plus ardemment que d'autres types, de par sa facilité à imiter les comportements des autres. Il doit d'abord comprendre son fonctionnement, mais aussi ses qualités. Lorsqu'il se sera reconnu lui-même, il ressentira déjà ce succès intérieur et n'aura plus ce besoin vital d'attendre la reconnaissance des autres, bien que cela soit une partie de lui. Il comprendra également qu'il doit prendre du temps pour lui et son énergie, car il n'a pas de centre sacral défini. Il a, comme le manifestor et le reflector, la capacité de produire un travail de qualité sur une courte période, mais aura besoin de repos une fois cette énergie créatrice vidée.

Conseils projector énergétique :
Ayant un centre énergétique actif, il peut penser qu'il a une grande capacité de travail. Ce qui le rend énergique n'est pas à proprement parler d'un point de vue énergie, mais plutôt magnétique. Lorsqu'il fera des choses qui le nourrissent profondément, il va donc devenir extrêmement magnétique dans son domaine de prédilection et les gens viendront à lui en sentant inconsciemment cette énergie.

Conseils projector classique :
C'est celui qui va le plus facilement imiter les comportements des autres types (de manière inconsciente, c'est-à-dire, si un projector classique est accompagné d'un generator sur une journée, il va suivre et vivre son énergie comme si c'était la sienne, seulement à la fin de la journée il sera épuisé, voir ressentir beaucoup de résistance sans vraiment savoir pourquoi). C'est parce qu'il a imité l'énergie du generator en pensant que c'était la sienne.

Conseils projector mental :

Ayant le reste de ses centres énergétiques non définis, il est donc celui qui est le plus influençable et le plus vulnérable au conditionnement extérieur. Il devrait donc bien apprendre à se positionner dans son entourage qu'il soit personnel comme professionnel afin d'être aligné avec lui-même sans s'épuiser.

Le sommeil d'un projector, pour être le plus réparateur possible, devrait aller se coucher avant de se sentir épuisé. Il peut mettre en place des routines de nuit, 30 min à 1 heure avant de ce coucher, où il prend le temps de lire, d'écrire, de lui offrir l'opportunité de se décharger des énergies qu'il aura reçues dans sa journée. De plus un projector devrait (s'il le peut) dormir seul afin de ne pas absorber les énergies de la personne qui se trouve à côté de lui et être influencé dans ses rêves, mais aussi avoir un impact sur la qualité de son sommeil.

ACTIONS DU SOI

1 : SAISIR L'OPPORTUNITÉ

2 : RÉPONDRE AVEC SON AUTORITÉ

3 : SUCCÈS

4 : ALIGNEMENT

ACTIONS DU NON SOI

1 : NE PAS SAISIR L'OPPORTUNITÉ (INITIER)

2 : NE PAS RÉPONDRE AVEC SON AUTORITÉ

3 : AMERTUME

4 : NON-ALIGNEMENT

LE CONSEIL ULTIME POUR UN PROJECTOR :
Apprends à poser les bonnes questions à ceux qui
viennent demander de l'aide

UN PROJECTOR ALIGNÉ

1 - Attendre d'être reconnu pour offrir ses talents de guide

2 - Respecte sa stratégie et ne fonce pas

3 - Apprendre à se reposer pour recharger ses batteries

4 - S'entourer de personnes saines pour son énergie

5 - Se couche avant de se sentir épuisé

6 - Travaille son déconditionnement

7 - Accepter et travailler ses talents

8 - Poser les bonnes questions pour éclairer les autres

9 - Apprendre à se reconnaitre lui-même

10 - Ressens du succès

UN PROJECTOR DÉSALIGNÉ

1 - Imiter le comportement d'un autre type énergétique

2 - Ressentir de l'amertume

3 - Ne pas respecter son besoin de repos

4 - Forcer la reconnaissance des autres

5 - Prendre les devants et initier de grands projets

6 - Chercher à attirer l'attention

7 - Ne respecte pas sa stratégie

8 - Se coucher en étant épuisé

9 - Donner des conseils sans qu'on l'ait invité

10 - Se sentir épuisé, énervé, fatigué

COMMENT RECONNAÎTRE LE TYPE ÉNERGÉTIQUE DU PROJECTOR SUR UNE CHARTE ?

Un projector aura toujours le centre de la gorge (1) de coloré donc de défini et n'est pas relié (par un canal) à un centre moteur. Son centre sacral (2) est toujours blanc. Pour le projector énergétique (1 à 3 centres moteurs définis) ici la racine (3)

PROJECTOR ÉNERGÉTIQUE

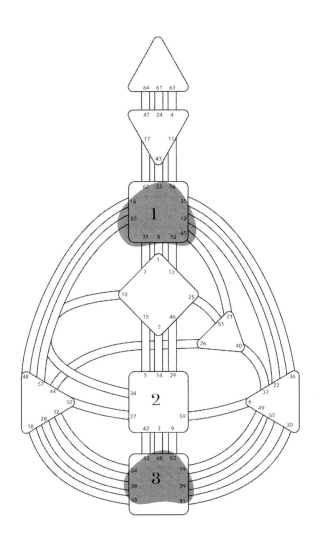

COMMENT RECONNAÎTRE LE TYPE ÉNERGÉTIQUE DU PROJECTOR SUR UNE CHARTE ?

Un projector aura toujours le centre de la gorge (1) de coloré donc de défini et n'est pas relié (par un canal) à un centre moteur. Son centre sacral (2) est toujours blanc. Le projector classique, il aura des centres définis autres que les centres moteurs, c'est-à-dire le centre G (soi) ou le centre splénique (3)

PROJECTOR CLASSIQUE

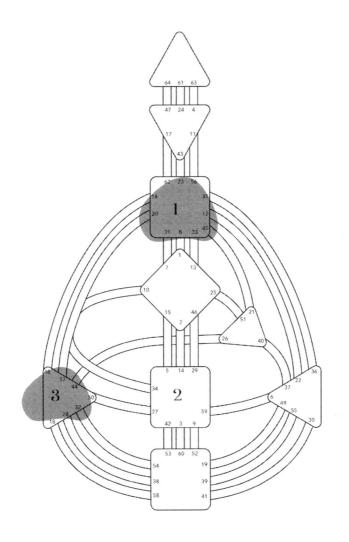

COMMENT RECONNAÎTRE LE TYPE ÉNERGÉTIQUE DU PROJECTOR SUR UNE CHARTE ?

Un projector aura toujours le centre de la gorge (1) de coloré donc de défini et n'est pas relié (par un canal) à un centre moteur. Son centre sacral (2) est toujours blanc. Le projector mental, il n'aura aucun centre défini sous la gorge. Il aura donc uniquement la tête et/ou l'ajna (3) et/ou la gorge de définis.

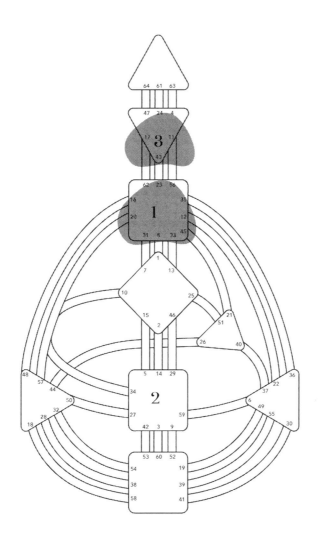

UN ENFANT PROJECTOR

COMMENT ÊTRE À L'ÉCOUTE D'UN ENFANT PROJECTOR ?

1.
Lui apprendre à passer des moments seul afin qu'il puisse se décharger des énergies qu'il aura reçu des autres, en lisant, en jouant...

2.
Lui donner beaucoup d'importance et de reconnaissance, afin qu'il se sente à sa place, reconnu et aimé pour ce qu'il est.

3.
Apprendre a repérer lorsqu'il imite le comportement des autres types énergétiques pour qu'il ne s'épuise pas trop, il n'a pas besoin de faire autant que les autres.

4.
Lui apprendre à poser des questions et lui faire comprendre qu'il doit attendre l'invitation des autres pour qu'il donne son avis.

REFLECTOR

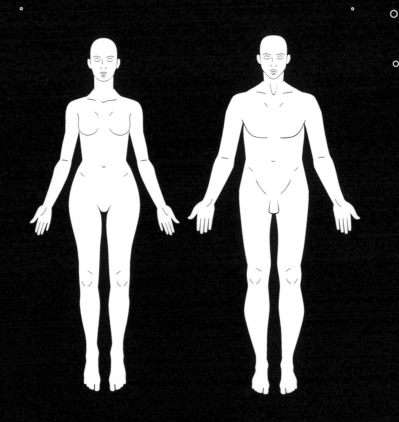

AURA

discrète

ÉNERGIE

basse

SOI NON SOI

surprise et déception

STRATÉGIE

attendre un cycle lunaire

Le type énergétique du REFLECTOR est considéré comme un type très rare, car il représente 1% de la population mondiale. On le reconnaît d'ailleurs très facilement sur une charte puisqu'il n'a aucun de ses centres de défini. Le reflector n'a pas accès régulier à son énergie comme le generator et manifesting-generator, cette énergie est donc dite fluctuante, il ne peut donc pas s'y fier constamment et doit écouter son corps afin de savoir quand générer/créer et quand savoir se mettre en pause. De plus, un reflector vit son énergie d'une manière bien particulière, car il est le seul type du design humain à vivre au rythme des cycles lunaires. À l'image de la lune, le reflector réfléchi, il amplifie et sublime les énergies et auras des personnes ou des endroits autour de lui. Il sera le miroir véritable de la personne avec qui il échangera, et reflètera ses zones d'ombre et de lumière. En groupe ou en société un reflector est d'une aide précieuse, car il sait, sens et ressent puis reflète. C'est également le type énergétique qui va devoir travailler sur la totalité de ses centres qui lui fait recevoir un certain nombre de conditionnements externes. à l'instar du projector qui va plutôt être comme une éponge émotionnelle, le reflector va lui, détecter ce qui va ou ne va pas avant même d'avoir échangé avec une personne. Il est important de comprendre que le reflector doit prendre le temps d'appréhender ses rouages, et d'éviter de trop s'identifier aux autres, mais plutôt de prendre une position d'observateur sur sa vie. Un reflector a pu passer sa vie à être éduqué comme un generator ou un manifestor et vivre de cette manière. Cependant son «rythme» de croisière est totalement différent des 4 autres types, en prendre conscience lui offrira un nouveau souffle de vie.

En tant qu'humains, nous avons tous ce que l'on appelle une *aura*. L'aura, c'est cette bulle invisible qui se trouve en permanence autour de nous, et fait venir à nous des situations de vie différentes en fonction de notre vibration énergétique. L'aura du projector est dite : **discrète**. Son aura travaille discrètement, en douceur, afin d'amener les autres à lui pour qu'il puisse accomplir son rôle de « miroir ».

Chaque type énergétique possède ce que l'on appelle *soi* et le *non-soi*. C'est une caractéristique correspondant à sa propre sphère émotionnelle qu'il est important de travailler afin de s'aligner dans ses choix de vie et de leur impact interne. La caractéristique dessine donc de l'émotion positive, c'est-à-dire « le soi », et son contraire, l'émotion négative « le non-soi ». Pour un reflector le soi est la **surprise**, l'étonnement, l'émerveillement. C'est ce qu'il doit chercher à nourrir dans sa vie et dans son spectre émotionnel. Un reflector aura donc besoin de nouveauté constante dans sa vie. Il est fait pour vivre dans le moment présent, c'est ce qui lui apportera cette surprise au quotidien, car il restera ouvert aux autres et aux propositions de la vie. Il se laisse porter par l'énergie de la lune qui l'amènera à traverser des étapes de vie avec les yeux d'un enfant, émerveillé par tout ce qui se trouve autour de lui. En aidant les autres à s'éveiller et à vivre leur soi intérieur, il ressentira aussi une profonde joie et satisfaction. Il est également indispensable pour lui d'apprendre à se libérer des énergies des autres qui viennent l'influencer de par ses centres blancs, ce qui pourrait l'amener vers le non-soi. Le non-soi pour un reflector c'est **la déception**. Il ressentira la déception s'il ne suit pas sa stratégie, mais également s'il n'apprend pas à se délester des énergies des autres. Il pourra aussi ressentir énormément de résistances s'il se comporte comme un autre type énergétique. Il se sentira alors déçu s'il perd sa faculté de surprise, comme si la vie n'avait plus de saveur.

Un reflector peu parfois se sentir incompris, et même oppresser par la demande sociétale qui n'applique pas le même rythme que le sien. La clé pour lui est justement de trouver l'équilibre dans tout cela et de rester neutre, d'éviter de s'identifier aux comportements et aux émotions des autres, d'être un observateur patient, puis enfin d'agir quand il se sentira pleinement aligné.

Si le reflector cultive son bien-être personnel, il pourra alors exploiter tout son potentiel. Il a tout de même une part de lui qui cherche à être reconnu et entendu comme le projector, il est donc primordial qu'un reflector prenne soin de sélectionner son entourage qui lui offrira toute l'attention dont il mérite. Il a besoin de se sentir inclus dans un lieu et dans un groupe. Reflétant leurs énergies, s'il se trouve entouré de personnes énergivores et nocives pour lui, il va d'une part les amplifier et le ressentir profondément comme étant une part énergétique de lui-même.

Le sommeil d'un reflector, pour être le plus réparateur possible, devrait aller se coucher avant de se sentir épuisé. Il peut mettre en place des routines de nuit, 30 min à 1 heure avant de ce coucher, où il prend le temps de lire, d'écrire, de lui offrir l'opportunité de se décharger des énergies qu'il aura reçues dans sa journée. De plus un reflector devrait (s'il le peut) dormir seul afin de ne pas absorber les énergies de la personne qui se trouve à côté de lui et être influencé dans ses rêves, mais aussi avoir un impact sur la qualité de son sommeil.

ACTIONS DU SOI

1 : ATTENDRE UN CYCLE LUNAIRE

2 : RÉPONDRE AVEC SON AUTORITÉ

3 : SURPRISE

4 : ALIGNEMENT

ACTIONS DU NON SOI

1 : NE PAS ATTENDRE UN CYCLE LUNAIRE

2 : NE PAS RÉPONDRE AVEC SON AUTORITÉ

3 : DÉCEPTION

4 : NON-ALIGNEMENT

LE CONSEIL ULTIME POUR UN REFLECTOR :
Être reconnu autant qu'il faut apprendre à se
reconnaître lui même

UN REFLECTOR ALIGNÉ

1 - Comprendre le fonctionnement de son aura

2 - Respecter sa stratégie

3 - Ne pas s'identifier aux autres

4 - Accepter d'avoir des moments seuls pour se recharger

5 - Se laisser porter par les cycles de la lune

6 - Faire confiance en sa capacité à déceler une anomalie

7 - Faire attention à son entourage

8 - Accepter que ses pensées évoluent au fil du cycle lunaire

9 - Cultiver la surprise

10 - Se sentir inclus dans son environnement

UN REFLECTOR DÉSALIGNÉ

1 - Forcer la reconnaissance auprès des autres

2 - Ne pas respecter sa stratégie

3 - S'identifier aux énergies des autres

4 - Imiter le comportement d'un autre type

5 - Ressentir de la déception dans sa vie

6 - S'entourer de personnes qui ne lui permettent pas d'exercer son potentiel

7 - Ne pas respecter sa stratégie

8 - Ne se laisse pas porter par les énergies de la lune et force

9 - Se sentir invisible et non inclus

10 - Se sentir dépendant des autres et n'aime pas être seul

COMMENT RECONNAÎTRE LE TYPE ÉNERGÉTIQUE DU PROJECTOR SUR UNE CHARTE ?

Un reflector n'a aucun centre de défini, ils sont tous par définition blancs.

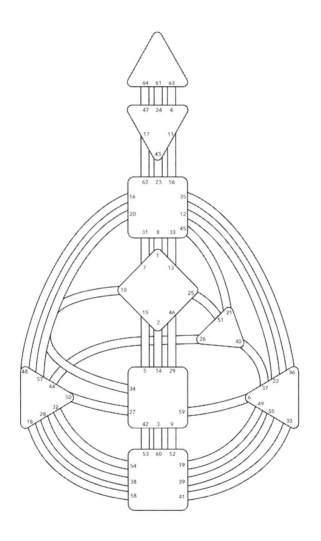

UN ENFANT REFLECTOR

COMMENT ÊTRE À L'ÉCOUTE D'UN ENFANT REFLECTOR ?

1.

Le laisser choisir s'il veut ou non jouer avec certains enfants ou faire certaines activités, il sait et sent ce qui est juste pour lui instinctivement.

2.

Lui donner beaucoup d'importance et de reconnaissance, afin qu'il se sente à sa place, reconnu et aimé pour ce qu'il est.

3.

Apprendre à repérer lorsqu'il imite le comportement des autres types énergétiques pour qu'il ne s'épuise pas trop, qu'il apprenne à s'en libérer.

4.

Lui apprendre de manière ludique les effets des cycles lunaires sur son mécanisme, qui régissent ses envies et sa force motivante.

PARTIE 3

LES 7 AUTORITÉS EN DESIGN HUMAIN

En plus du type énergétique et de sa stratégie, nous avons ce que l'on appelle l'*autorité*. C'est tout simplement, la meilleure façon de prendre ses décisions de vie en fonction de son design. L'autorité représente notre envie profonde à faire ou non, à accepter ou non, à entreprendre ou non quelque chose, c'est notre force motivante. Elle se présente souvent par des réflexes du corps ou par des sons (generators et manifesting generator) ou bien des émotions (manifestor, projector, reflector).

Dans notre société moderne, nous avons malheureusement perdu la faculté d'être à l'écoute de la réponse du corps, nous avons plutôt été redirigés vers la réponse de notre mental, qui permet une universalisation de réponse. Cependant, nous oublions souvent que le mental n'a jamais été un décisionnaire, il nous est très utile pour penser, se questionner, organiser les choses, mais absolument pas pour prendre des décisions de vie. C'est en utilisant *sa stratégie + son autorité* que nos décisions de vie n'en seront que plus alignées.

L'autorité est la première couche de lecture qui va différencier un type énergétique d'un autre. Un generator avec une autorité sacrale ne fonctionnera pas de la même manière qu'un generator avec une autorité splénique, comme un projector émotionnel ne répondra pas à la vie de la même manière qu'un projector avec une autorité du coeur.

AUTORITÉ SACRALE (GENERATOR, MG)

L'autorité sacrale réside dans la réponse du corps et provient du centre sacral (surligné). Elle vient appuyer sur la stratégie d'attendre et de répondre, puisque cette autorité n'est attribuée qu'aux generators et manifestings generators.

Lorsqu'une personne avec une autorité sacrale reçoit une question (qu'il vaut mieux être fermée, donc une réponse par oui ou non) où toute demande liée à une quelconque action, le sacral va répondre par un réflexe du corps ou bien par un son. La première réponse sera la plus juste, sinon le mental prendra les commandes. invitation içi à écouter son corps.

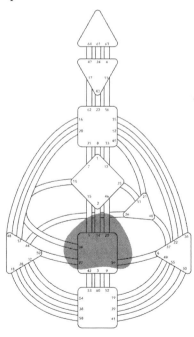

AUTORITÉ ÉMOTIONNELLE (TOUS SAUF REFLECTOR)

Les émotions liées au plexus solaire (surligné) se forment
par vagues. Parfois, celles-ci sont trop intenses pour
prendre une décision rationnelle sur l'instant car les
émotions partent dans tous les sens. Les personnes
avec une autorité émotionnelle devraient attendre le
passage de leur cycle, attendre d'y voir plus clair (exemple
: prévenir son entourage qu'elles sont dans un moment
de trop pleins émotionel et de se mettre en retrait pour
ne pas les impacter) afin de partager leurs idées ou de
donner une réponse par la suite.

L'objectif de cet autorité est d'apprendre à gérer ses états,
et d'acquérir une clarté émotionnelle.

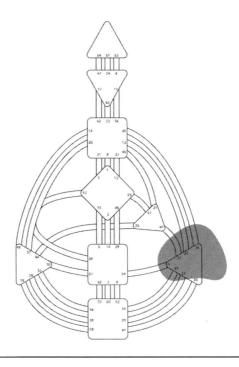

AUTORITÉ SPLÉNIQUE (MANIFESTOR, PROJECTOR)

L'autorité splénique, c'est ce ressentit physique qui permet de reconnaitre si l'environnement, la situation ou la personne avec laquelle vous êtes est viable ou non (à l'image d'un thermostat interne) afin que vous puissiez prendre la meilleure décision en conscience. Un travail de confiance en soi est important pour comprendre le caractère même de l'autorité splénique.

Il est important d'écouter cette petite voix, ce ressenti dans l'instant ou il se présente, car dépassé ce moment, le mental, et donc le conditionnement prendra le dessus.

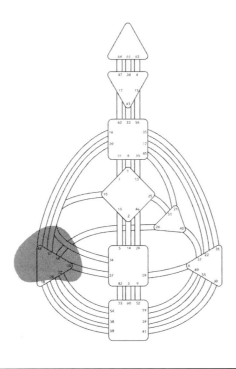

AUTORITÉ DE L'EGO (MANIFESTOR, PROJECTOR)

L'autorité de l'ego se présente par un grand besoin de se satisfaire soi-même, de faire ce qui nous plaît, et il n'y a aucun mal à penser d'abord pour soi avant de penser aux autres. Au contraire, c'est en s'occupant de notre corps et notre esprit, en faisant des choses qui nous nourrissent qu'il est possible de partager de l'amour ensuite. Le centre du coeur est un moteur de volonté.

Attention bien sûr à ne pas être trop «fermé» dans la manière de prendre ses décisions, afin d'éviter de créer des sources de résistances chez les autres. Prendre ses décisions en fonction de soi tout en faisant attention dans sa manière d'impacter.

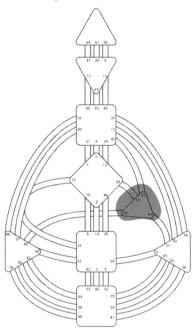

AUTORITÉ DU SOI (PROJECTOR)

Le meilleur conseil pour apprendre à travailler avec
l'autorité du soi est celui d'utiliser sa voix pour s'entendre
parler afin de prendre les meilleures décisions possibles.
C'est en discutant avec son entourage ou avec soi-même
que l'on entend nos pensées, nos réflexions, nos envies.

Cette méthode permet à celui qui à l'autorité du soi de se
demander si cette décision lui convient par rapport à lui,
à son identité, à ses valeurs,
«serais-je toujours authentique après ce choix?».

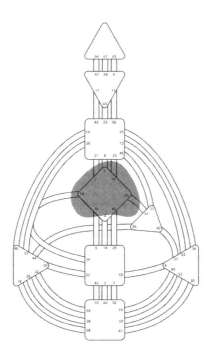

AUTORITÉ DE L'ENVIRONNEMENT
(PROJECTOR MENTAL)

C'est grâce à l'entourage que les personnes avec l'autorité de l'environnement pourront prendre leurs décisions. C'est en s'écoutant parler, en faisant caisse de résonance qu'ils pourront y voir plus clair. C'est pourquoi il est important pour les projector mentaux de s'entourer de personnes bienveillantes et positives afin de ne pas être influencées de la mauvaise manière. Qu'ils puissent le soutenir et le tirer vers le haut.

Le fait de discuter avec son entourage de ses envies, besoins, décisions, ne veux pas dire qu'ils prendront la décision à sa place, mais simplement de s'entendre parler avec des auditeurs en face pour «se rendre compte» de ce qu'il dit.

AUTORITÉ LUNAIRE (REFLECTOR)

C'est grâce à l'entourage et en se parlant soi même que les reflectors avec l'autorité lunaire pourront prendre leurs décisions. C'est en s'écoutant parler, en faisant caisse de résonance qu'ils pourront y voir plus clair.

De plus, ils sont influencés par les cycles de la lune, comme s'ils étaient branchés dessus en permanence, il est donc important de laisser passer un cycle lunaire afin de prendre une décision, car celle-ci pourrait changer au rythme du mois. (cela vaux pour les grandes décisions de vie)

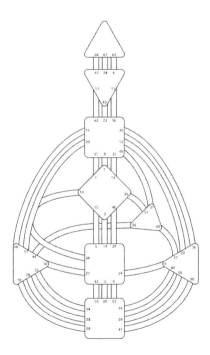

PARTIE 4

LES 6 LIGNES EN DESIGN HUMAIN

Les lignes en design humain, ce sont les chiffres qui représentent notre profil, dont nous parlerons dans le prochain chapitre. Il y a 6 lignes correspondant à notre façon bien particulière de voir les choses, mais également dans notre manière d'agir au quotidien. Par quel biais nous allons «répondre» aux demandes extérieures, de manière consciente et inconsciente. Les lignes 1, 2, 3, 4, 5 et 6 sont divisées ensuite en 12 combinaisons de profils (prochain chapitre).

Les lignes 1, 2 et 3 sont des lignes dites autocentrées, c'est-à-dire que ce seront des personnes qui vont avoir tendance à être autonome dans leur manière de faire, d'être indépendant dans certaines actions de vie et apprentissages.

Les lignes 4, 5 et 6 sont elles tournées vers les autres, vers l'échange, le partage et l'expérience humaine de manière générale. C'est une partie intégrante de leurs personnalités qui va avoir besoin de contacts.

Bien sûr, il est possible qu'une ligne autocentrée, se retrouve en binôme avec une ligne tournée vers les autres, ce qui créer parfois ce paradoxe qui nous est bien propre en tant qu'humain. Nous allons découvrir cela ensemble.

LIGNE 1 - LA LIGNE DE L'ÉLÈVE

L'élève cherche, il apprend, il se documente, il lit.
C'est l'archétype de l'éternel étudiant qui aura besoin
d'informations solides pour avancer dans sa vie, d'être
certain de savoir et de comprendre.

Dans ses zones d'ombres, il va se penser inférieur ou
«moins bien» qu'une autre personne, c'est pour cela qu'il
passera beaucoup de temps à se documenter sur un sujet
en particularité, ou bien sur plusieurs sujets en surface.

L'élève ne se lancera pas dans une activité ou un projet s'il
ne connaît pas les tenants et les aboutissants, auquel cas,
il fera des recherches.

Il peut aussi parfois prendre le lead en se pensant
«supérieur» aux autres, car «il sait», et paraître autoritaire
ou trop sûr de lui quand il va partager sa pensée, son
savoir, sa réflexion.

LIGNE 2 - LA LIGNE DU SOLITAIRE

Le solitaire aime être seul, dans son monde, dans son refuge. Il aime le calme et n'aime pas forcément qu'on le dérange lorsqu'il est dans sa bulle, pourtant, les gens et les opportunités viennent à lui comme par magnétisme, ce qui peut parfois le déstabiliser.

C'est une personnalité qui apprécie la simplicité, il aime les longues discussions profondes et humaines, il préférera d'ailleurs être entouré de personnes ayant des valeurs éthiques et morales, lui permettant d'apprécier ces moments de partages et d'échanges lorsqu'il sera sorti de chez lui.

C'est l'archétype du silencieux. Il a aussi foi en la vie, en quelque chose qui l'attend, qu'il n'a plus qu'à se laisser porter par le flow jusqu'à atteindre son trésor personnel.

LIGNE 3 - LA LIGNE DE L'EXPLORATEUR

L'explorateur est aussi un apprenti, un testeur, un chimiste qui va expérimenter différentes formules afin de trouver celle qui lui apportera le meilleur résultat possible. Il va donc devoir tester, se tromper, tester à nouveau, et se tromper jusqu'à ce que le «eureka» surgisse, ce qui peut parfois l'amener vers ses zones d'ombre qui lui font dire que la vie s'acharne sur lui, qu'elle est presque chaotique.

La vie conspire pour faire venir à lui des expériences afin qu'il puisse apprendre, car c'est dans «l'échec» de l'apprentissage et de l'exploration que la ligne 3 pourra évoluer. L'échec se doit d'être compris comme une étape importante dans son processus d'apprentissage, et non comme quelque chose de négatif. Si l'explorateur n'accepte pas ce processus, il passera sa vie à être négatif, pessimiste, voire même dépressif. Cependant, malgré ce fonctionnement délicat, il avancera plus vite que les autres lorsqu'il trouvera la réponse à sa formule.

LIGNE 4 - LA LIGNE DU FRATERNEL

Le fraternel aime les autres, il est d'ailleurs très doué pour l'interaction et l'échange. Ce sont des personnalités qui ont beaucoup de connaissances, qui sont influentes dans leurs domaines, mais seront plus discrètes devant des étrangers. C'est l'archétype du prêcheur, qui souhaite partager aux autres ses convictions personnelles, car tout repose sur ses croyances, mais il faut également que son public soit prêt à l'entendre, sinon cela peut créer des résistances.

La foi de ligne 4 ne repose pas forcément sur des faits concrets, il peut croire où ne pas croire en quelque chose sans avoir besoin de preuve, cependant il sera très difficile de faire changer d'avis un fraternel.

Dans ses zones d'ombres, il aura peur d'être invisible,

Le fraternel est là pour apporter des connexions entre les autres, partager ses idées et ses valeurs, c'est un caractère assez fixe de manière général.

LIGNE 5 - LA LIGNE DU MENTOR

Le mentor représente celui qui apporte l'enseignement. C'est l'archétype du sauveur, il va apporter des solutions universelles qui pourront être appliquées par tous. Il apprécie le contact humain et les échanges. C'est un médecin de l'âme qui va soutenir son entourage par la réflexion et le travail intérieur.

Dans ses zones d'ombres, le mentor se sent responsable des solutions qu'il offre, et si celles-ci ne sont pas acceptées des autres, il se sent alors rejeté. Cependant il ne faut pas oublier qu'il ne peut aider tout le monde, et tout le monde ne sera pas en adéquation avec ses solutions.

C'est une personnalité très sélective, qui aura besoin de travailler son image, sa réputation, car il tient à celle-ci comme étant le miroir de ses valeurs intérieures. La ligne 5 est assez mystérieuse, peu de personnes connaissent profondément une personne avec la ligne du mentor.

LIGNE 6 - LA LIGNE DU SAGE

Le sage est un optimiste qui cherche à toujours faire mieux, à aller plus loin. C'est l'archétype du voyant, il regarde au-delà de ce qui se fait déjà, c'est un explorateur (ligne 3) qui deviendra avec le temps un sage (ligne 6). La particularité de la ligne 6 se retrouve dans son cycle d'évolution en 3 étapes :

De la naissance à 30 ans :
le sage va explorer la vie en suivant le processus d'essai erreur de la ligne 3 (explorateur), afin de trouver le bon équilibre dans sa vie.

De 30 ans à 50 ans :
le sage va commencer un travail de spectateur, il vivra une mutation dans sa vie qui lui demandera de prendre une pause, d'observer ce qui est toujours en accord avec lui ou non, et de le changer au besoin. Cela peut-être en déménagent ailleurs, en changeant de corps de métier, en laissant partir certaines personnes et en ouvrant la porte à d'autres.

Après 50 ans :
le sage «revient» au-devant de la scène, comme un retour aux sources en devenant des modèles sages pour les autres lignes. Il aidera son entourage à aller dans la bonne direction selon ses besoins propres, il sera le guide, le maitre altruiste.

PARTIE 5

LES 12 PROFILS EN DESIGN HUMAIN

Maintenant que nous connaissons l'aspect de chacune des 6 lignes dans le précédent chapitre, nous abordons désormais la définition du profil qui arbore 2 lignes, la première est consciente (on sait que l'on procède de cette manière), la seconde inconsciente (ce sont plutôt les autres qui voient cette définition en nous). Le profil est un autre aspect important du design humain. Il nous permet de comprendre la façon dont on appréhende la vie d'un point de vue énergétique. Ce sont nos mécanismes d'apprentissage et notre manière de le partager par la suite. Ces 2 chiffres représentent 2 types d'énergies qui travaillent ensemble au cours de notre expérimentation du soi.

Pour rappel, les lignes 1, 2 et 3 sont des lignes interpersonnelles, l'énergie de ces lignes est centrée sur soi. Les lignes 4, 5 et 6 sont des lignes transpersonnelles, l'énergie de ces lignes est branchée sur les autres.

PROFIL 1/3 - ÉLÈVE / EXPLORATEUR

Ce profil indique une personnalité très créative, mais demande aussi des temps de pause, voire même d'introspection. Les deux énergies dans ce profil ont du mal à communiquer ensemble, car elles ne fonctionnent pas de la même manière. Elles ont cependant le même objectif : celui d'apprendre, de tester, d'expérimenter, de chercher. La ligne 1 de l'élève va avoir envie de dire «je sais que» et la ligne 3 de l'explorateur viendra lui répondre «tu es sûr?».

PROFIL 1/4 - ÉLÈVE / FRATERNEL

Ce profil indique une personnalité qui aime les autres et « l'influence ». Son réseau se crée naturellement au cours de ses rencontres en suivant sa stratégie et son autorité. La ligne 1 de l'élève va apprendre et étudier, la ligne 4 elle, va tirer des convictions de cet apprentissage et venir influencer les autres grâce à ces connaissances. Cela peut également donner une personnalité assez autoritaire, qui peut parfois n'accepter que sa vérité. Les profils 1/4 sont des personnes avec une grande force de persuasion.

PROFIL 2/4 - SOLITAIRE / FRATERNEL

Ce profil indique une personnalité joviale et solitaire à la fois. La ligne 2 est plutôt timide avec un besoin de repos. La ligne 4 elle, pousse à se connecter aux autres, à créer du lien. C'est d'ailleurs grâce à la ligne du fraternel que les personnes au profil 2/4 ne restent pas constamment dans leurs zones de confort. Il peut y avoir un conflit intérieur entre l'envie de se sociabiliser, et celle de rester dans son refuge chez soi. Il faut apprendre à accepter cette dualité.

PROFIL 3/6 - EXPLORATEUR / SAGE

Ce profil indique une personnalité de «ronchon mais optimiste». Les profils avec une ligne 6 ont un processus de vie en 3 étapes : Naissance à 30 ans : exploration de la vie avec un processus d'essais et d'erreurs de la ligne 3. Durant cette période, la ligne 6 du sage peut avoir une vision pessimiste de la vie. 30 ans à 50 ans : Début d'un travail introspectif. Après 50 ans : optimiste. Le profil 3/6 va nous montrer comment nous pouvons vivre de manière unique, consciente et confiante. Ce sont de réels modèles d'évolution et de sagesse.

PROFIL 3/5 - EXPLORATEUR / MENTOR

Ce profil indique une personnalité de «rebelle». La ligne 3 de l'explorateur va venir expérimenter, tester, avec souvent cette impression que 9 fois sur 10 les choses ne fonctionnent pas. Mais la 10e fois, celle qui marchera, sera guidée par la ligne 5 du mentor qui poussera à partager ces solutions pratiques, concrètes, et universelles afin d'aider, conseiller et guider les autres. Le profil 3/5 sont des personnes qui ont besoin de concret, presque scientifique. Ils savent ce qui fonctionne ou non car ils l'auront eux-mêmes expérimenté.

PROFIL 2/5 - SOLITAIRE / MENTOR

Ce profil indique une personnalité pragmatique. La ligne 2 du solitaire pousse à vouloir être seul, dans sa bulle, alors que la ligne 5 va chercher à «séduire» et à interagir avec les autres. L'entourage des personnes avec un profil 2/5 feront appel à lui pour qu'il puisse apporter la solution pratique à leurs problèmes. Il faut savoir apprendre à se retirer quand c'est le bon moment, laisser le rôle du leader pour porter celui du solitaire, car cette solitude est essentielle pour que le côté leader se repose et se régénère.

PROFIL 4/6 - FRATERNEL / SAGE

Ce profil indique une personnalité avec une grande force de conviction. La ligne 4 du fraternel pousse à se connecter aux autres et à créer des liens. La ligne 6 du sage est une partie de soi plus observatrice, surtout aux alentours de 30ans. Il y a une certaine contradiction dans ce profil, car le fraternel souhaitera faire des rencontres quand le sage voudra être à l'écart et ne pas trop se dévoiler, il est là pour observer, analyser et attendre le bon moment pour parler et créer des liens.

PROFIL 4/1 - FRATERNEL / ÉLÈVE

Ce profil indique une personnalité de missionnaire. La ligne 4 du fraternel est là pour influencer les autres grâce aux connaissances acquises, aux recherches et aux études. Les personnes au profil 4/1 utiliseront leurs savoirs pour convaincre leurs entourages. La ligne 1 de l'élève va pousser à apprendre et étudier afin d'avoir une base solide dans un domaine spécifique. De manière générale, on peut dire que les profils 4/1 ont un caractère assez prononcé avec de profondes convictions.

PROFIL 5/1 - MENTOR / ÉLÈVE

Ce profil indique une personnalité séduisante.
La ligne 5 du mentor fait de ce profil, une personne
attirante et séduisante (d'un point de vue énergétique).
Car la ligne 5 va pousser à faire de nouvelles rencontres
dans notre vie, elle a un grand besoin d'échanger, de
partager et d'aider. La ligne 1 de l'élève, elle, pousse
à aller en profondeur, à étudier et à établir une base
de connaissances solide. C'est cette ligne 1 qui va
permettre avec l'autorité et la stratégie de la personne,
d'influencer la société.

PROFIL 5/2 - MENTOR / SOLITAIRE

Ce profil indique une personnalité calme.
La ligne 5 du mentor arbore une personne attirante et
séduisante (d'un point de vue énergétique). La ligne 5
va pousser à faire de nouvelles rencontres, car elle a
besoin d'échanger, de partager et d'aider. La ligne 2
aimerait plutôt être seule, elle a un côté indépendant,
qui préfère gérer les choses à sa manière, dans son coin.
Le profil 5/2 travaille ses talents pour les offrir aux
autres avec une fonction universelle, comprise de tous.

PROFIL 6/2 - SAGE / SOLITAIRE

La ligne 6 du sage, représente une partie plus observatrice, elle fait se tenir à l'écart afin de ne pas trop s'impliquer émotionnellement dans une relation ou un projet. Cependant, c'est une ligne très optimiste qui recherche uniquement le meilleur pour son entourage et le monde en général. La ligne 2 aimerait plutôt être seule, elle a un côté indépendant, qui préfère gérer les choses à sa manière, dans son coin. Les profils 6/2 sont des profils idéalistes qui recherchent le meilleur pour leurs vies.

PROFIL 6/3 - SAGE / EXPLORATEUR

La ligne 6 du sage, représente une partie plus observatrice, elle fait se tenir à l'écart afin de ne pas trop s'impliquer émotionnellement dans une relation ou un projet. Cependant, c'est une ligne très optimiste qui recherche uniquement le meilleur pour son entourage et le monde en général. C'est un profil de changement et de transition, la ligne 3 pousse vers de nouvelles expériences de vie et de relations. Le profil 6/3 est ici pour montrer l'exemple lorsque son travail introspectif est fait au sein de son entourage, au travail, ou plus.

PARTIE 6

LES CENTRES ÉNERGÉTIQUES EN DESIGN HUMAIN

Les centres énergétiques sont à l'image de «salles» par lesquelles traverse l'énergie de notre corps. Chaque centre à sa propre fonction énergétique et peut avoir deux comportements, deux vibrations. Le premier est le comportement que l'on dit « en résonance », il résulte de l'utilisation correcte de l'énergie du centre en question ; le second est le comportement « en dissonance », lorsque l'on utilise cette énergie avec le non-soi (frustration, colère, amertume....).

En design humain, il y a 9 centres énergétiques et 7 d'entre eux correspondent aux chakras. Si un centre est coloré (peu importe la couleur) on dit de celui-ci qu'il est défini, c'est-à-dire que l'énergie de ce centre est constante, disponible pour la personne, elle est toujours présente. A contrario si un centre est blanc, on dit qu'il est non défini, c'est-à-dire que l'énergie de ce centre n'est pas un flux continu comme on peut l'avoir avec un centre défini, il faut donc assimiler que cette énergie n'est pas présente sur du long terme chez soi, il est donc conseillé d'éviter de ce fier à celle-ci. Cependant il est possible « d'emprunter » l'énergie de centres non définis, au contact de personnes ayant ces centres définis chez eux. Vous pourrez remarquer que lorsqu'une personne avec le centre de la gorge défini échange avec une autre personne n'ayant pas ce centre défini, celle-ci va beaucoup plus facilement parler, sera plus à l'aise pour exprimer ses idées et ses ressentis. Les 9 centres ont donc plusieurs fonctions et identifications propres, certains seront des centres moteurs, qui apporteront de l'énergie pour initier, se motiver, avoir de la constance dans ses projets de vie. D'autres, correspondants aux différents chakras, comme l'ajna, est un centre qui travaille l'analyse, la réflexion, la conceptualisation. On peut constater qu'il y a plusieurs numéros à l'intérieur des centres énergétiques, ces chiffres sont nommés «portes» dans le langage HD. Ces portes amènent une dimension plus profonde au centre énergétiquelui-même puisqu'elles viennent nous indiquer de nouveaux aspects de fonctionnement de pensées, d'action et de réaction dans notre design, nous verrons cela au prochain chapitre. Commençons d'abord par comprendre le caractère unique des centres énergétiques.

1 : centre de la tête

2 : centre de l'ajna

3 : centre de la gorge

4 : centre de l'identité

5 : centre du coeur

6 : centre du plexus solaire

7 : centre sacral

8 : centre splénique

9 : centre racine

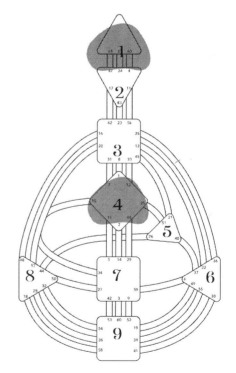

CENTRE DE LA TÊTE

Centre de l'inspiration, des questions, de la connexion.

DÉFINI : Tu es une personne qui cherches à tout comprendre/décortiquer, à vouloir résoudre les grandes questions/mystères de la vie.

EN RÉSONANCE : Apprends à accepter tes moments de doutes en te laissant porté.e, pour y voir plus clair par la suite (lâcher prise). Avec ce centre, tu es aussi une personne très inspirante dans tes idées et projets, les gens viendront à toi pour cela.

EN DISSONANCE : Tu te laisses couler par trop de questionnements, tu finis par te fatiguer à trop réfléchir et chercher à tout comprendre.

NON DÉFINI : Tu es une personne très ouverte d'esprit, mais attention à ne pas être trop influencé.e par ton entourage, car ton inspiration provient de l'extérieur.

EN RÉSONANCE : Comme l'inspiration vient de l'extérieur, il faut être vigilant.e quant à ton entourage, apprendre à quand cela devient «trop» pour toi. Essayer d'éviter de tout vouloir remettre en question.

EN DISSONANCE : Ne pas réussir à te libérer des questionnements que tu as en tête ou alors, d'essayer de résoudre des problèmes qui ne sont pas les tiens.

CENTRE DE L'AJNA

Centre de la conceptualisation, analyse, réflexion

DÉFINI : Tu as une manière de penser fixe et constante. C'est à dire, une même façon de penser depuis des années qui ne change pas, ou qui a peu changé (choix, valeurs, envies, projets...).

EN RÉSONANCE : N'ait pas peur de défendre tes positions et pensées. Apprends à ne pas être influencé.e par ton entourage, d'avoir tes propres schémas de pensées et d'être en accord avec cela.

EN DISSONANCE : Penser qu'il faut que tu sois d'accord avec tout le monde et te laisser influencer ou laisser ton mental prendre les décisions (te faire petit.e).

NON DÉFINI : Tu es très ouvert.e d'esprit, c'est pour cela que tu te «calibre» en fonction des gens avec qui tu es, de ce fait, tu auras plusieurs façons de penser.

EN RÉSONANCE : Comprends que ton potentiel vient du centre Ajna, qu'il t'offre la possibilité d'être mutable, que tu as plusieurs manières de voir et faire les choses.

EN DISSONANCE : Te comparer aux autres, avoir l'impression d'être inférieure intellectuellement. Vouloir convaincre les autres pour les mauvaises raisons avec des idées sans importance pour te sentir plus intelligent.e.

CENTRE DE LA GORGE

Centre de la manifestation, communication, direction

DÉFINI : Tu as la capacité d'exprimer tes ressentis et envies de manière fluide et facile (en dehors de tes résistances).

EN RÉSONANCE : Comprendre d'où provient ton autorité (ajna, plexus solaire, ego, sacral ou splénique) afin d'utiliser ta parole correctement en fonction de celui-ci.

EN DISSONANCE : Vouloir parler lorsque ce n'est «pas le bon moment» pour toi, souhaiter être vu.e par la parole. Tu vas potentiellement créer un discours d'égo ou d'oppression, de résistances.

NON DÉFINI : Ta capacité à parler dépendra des gens autour de toi.

EN RÉSONANCE : Apprends à être à l'aise avec le silence, ne cherche pas à combler les trous dans une conversation. Attends plutôt qu'un sujet soit lancé pour rebondir dessus.

EN DISSONANCE : T'obliger à parler quand ce n'est pas le «bon moment» pour toi, chercher à attirer l'attention, enclencher un épuisement et du non-soi.

CENTRE G

Centre de l'identité, amour, direction

DÉFINI : Tu as une identité bien propre à toi, c'est-à-dire que tu sais qui tu es, où tu vas dans la vie et comment y arriver.

EN RÉSONANCE : Avoir confiance en ton GPS intérieur qui te guide vers ce qui est le plus aligné avec toi.

EN DISSONANCE : Ne pas assumer ton identité, avoir peur de prendre de la place. Te faire petit.e pour faire plaisir à ton entourage ou ne pas faire de l'ombre aux autres, ce qui peut engendrer des problèmes d'anxiété, identitaires, mal-être...

NON DÉFINI : Tu es une personne qui n'a pas une direction fiable/stable dans la vie. Tu te poses des questions sur son identité propre. Tu remettras souvent en question ta place.

EN RÉSONANCE : Autorise ton entourage à t'indiquer des directions possibles (des conseils) afin d'avoir différents points de vus et de faire tes propres choix par la suite.

EN DISSONANCE : Penser que tu dois rester dans une situation de vie, en relation avec une personne, ou dans un travail, car il n'y aurait pas d'autres possibilités de vie pour toi. Finir par être dépendant.e d'un quotidien toxique et de mettre de côté ton bien-être.

CENTRE SACRAL

Centre de l'énergie vitale, sexualité, durée

DÉFINI : Tu as la capacité de t'auto alimenter en énergie, le centre sacral est un centre moteur hyper puissant.
Il y a un gros potentiel créatif qui a besoin d'être exploré.

EN RÉSONANCE : N'hésites pas à faire preuve d'investissement dans tes projets de vie et ne lâche rien !

EN DISSONANCE : Si tu inities, prépares, mets des choses en place sans avoir reçu d'invitation, tu finiras par t'épuiser en forçant.

NON DÉFINI : Tu n'as pas d'énergie constamment en toi, de ce fait, tu auras besoin de plus de moments de repos que d'autres, et ces moments (même 5min) sont très importants pour toi afin de déconnecter.

EN RÉSONANCE : Tu dois apprendre à gérer la fluctuation de ton énergie, ne pas te forcer à «faire» quand les batteries sont à plat. Comprends que tu peux être efficace sur une courte période de temps, puis qu'il te faut un moment de repos.

EN DISSONANCE : T'épuiser et te perdre dans tes projets parce que tu auras trop forcé, trop chercher à faire. Sûr du long terme, en ne respectant pas ton énergie, tu risques le burn-out, ou des maux physiques importants.

CENTRE DU PLEXUS SOLAIRE

Centre des émotions, créativité, sensibilité

DÉFINI : Tu as une capacité à exprimer de manière fluide tes états d'âme et envies.

EN RÉSONANCE : Attendre le passage d'un cycle émotionnel. Laisser baisser tes vagues intérieures d'émotions, et t'éloigner des autres pour ne pas les impacter.

EN DISSONANCE : Réagir sur le coup de l'émotion, finir par être trop dur.e, froid.e, impulsif.ve.

NON DÉFINI : Tu as des émotions assez régulières, il n'y a pas vraiment de changements soudains dans tes états émotifs. Tu n'aimes pas les conflits et chercheras le plus souvent à les éviter.

EN RÉSONANCE : Apprends à te détacher des émotions des autres, tu es influencé.e par l'extérieur, à l'image d'une éponge. Conscientise si tes réactions et tes choix sont bien à toi ou s'ils sont conditionnés par l'extérieur. Ne pas avoir peur de dire ce que tu ressens, tu es légitime.

EN DISSONANCE : Garder toutes tes émotions pour toi, d'avoir peur de la réaction des autres et ne pas savoir t'en libérer. T'obliger à être d'accord avec les autres, sans dire le fond de ton ressenti, finir par vivre dans le non-soi.

CENTRE DU COEUR

Centre de la volonté, motivation, ego

DÉFINI : Tu es une personne volontaire, qui es souvent motivée et qui arbore une certaine estime d'elle-même.

EN RÉSONANCE : Apprends à cultiver ton amour propre, qu'elle est ta valeur intérieure ? Prends soin de toi et occupe-toi d'abord de tes besoins avant ceux des autres.

EN DISSONANCE : Penser que de te faire passer en premier est égoïste ou mauvais. Ne pas faire attention à ton bien-être et finir par être dans le non-soi. Ne pas t'assumer, ne pas prendre ta place.

NON DÉFINI : Tu n'es pas toujours motivé.e, et tu as besoin des autres types pour t'aider à te mettre en action. Tu es une personne qui ne reconnais pas toujours sa valeur.

EN RÉSONANCE : Toujours te poser la question lorsque tu fais quelque chose :
1 = est-ce que je le fais par volonté ?
2 = est-ce que je veux prouver quelque chose ?

EN DISSONANCE : Te sentir obligé.e de faire des promesses aux autres, d'aller dans des endroits, faire des activités, dans le but de te sentir valorisé.e/accepté.e par l'extérieur.

CENTRE SPLÉNIQUE

Centre de l'intuition instinct, peur

DÉFINI : Tu as cette capacité de gérer tes peurs et appréhensions de manière très naturelle.

RÉSONANCE : Apprends à être à l'écoute de ton thermostat intérieur afin de ressentir si tu es à l'aise ou non et lui faire confiance. Il t'indique si tu peux «rester» ou «partir» suivant une situation, un lieu, ou durant un échange avec d'autres personnes.

DISSONANCE : Ne pas écouter ton intuition/ ressenti du moment. Finir par «t'obliger» à rester quelque part, ou avec des personnes alors que tu n'en ressens pas l'envie.

NON DÉFINI : Tu as besoin de prendre soin de toi (beauté, bien-être, sport...) autant que les autres doivent prendre soin de toi.

RÉSONANCE : Apprends à lâcher prise, laisse la vie t'offrir son lot de surprises. Ai confiance en ta stratégie et travailles la résilience.

DISSONANCE : Ne pas réussir à te détacher d'une personne, d'une situation en préférant rester dans ta zone de confort au lieu d'écouter ton intuition et prendre des risques.

CENTRE DE LA RACINE

Centre de la pression stress, temps

DÉFINI : Tu as une aptitude à gérer la pression et d'utiliser consciemment le stress comme carburant.

EN RÉSONANCE : Apprends à apprécier l'adrénaline, utilise le stress comme énergie qui te permettra d'aller au bout des projets mis en place. Fais des to-do list, fixe-toi des deadlines..

EN DISSONANCE : Ne pas réussir à te relâcher et être en constante pression interne.

———————————————

NON DÉFINI : Tu es de nature plutôt calme concernant les petites pressions de la vie.

EN RÉSONANCE : Apprends à ne pas vivre la pression des autres, à ne pas t'identifier à leurs peurs, à leurs stress. Comprendre que la pression est un ressenti que tu ne pourra pas supprimer, il faut vivre avec et l'utiliser à ton avantage.

EN DISSONANCE : Vouloir tout faire dans la précipitation. Te laisser guider par ton stress et faire des actions qui auront des conséquences désagréables par la suite.

PARTIE 7

LES 36 CANAUX
EN DESIGN HUMAIN

Nous arrivons maintenant à la partie du design humain qui devient plus profonde et plus subtile dans la compréhension de ses énergies. Les canaux sont des « chemins » qui traversent les différents centres énergétiques de notre corps, en laissant passer une certaine énergie d'action, de ressenti, d'envie, d'idée... grâce aux portes (les numéros) lorsque celles-ci sont actives. Comment cela fonctionne ?

1 : Si deux portes (numéros) de part et d'autre d'un canal sont actives, (en gras ou entouré), le canal est donc « ouvert » et cette énergie est bien définie en toi. Exemple ci-dessous avec le canal 48-16 qui part du centre de la gorge jusqu'au centre splénique.

2 : Si au contraire il n'y à qu'une seule porte active, le canal ne sera donc pas ouvert. Exemple ci-dessous avec le canal 40-37. Cela veut dire que l'énergie du canal en question n'est pas disponible pour vous.

3 : Cependant, il est possible d'ouvrir un canal non actif lorsque l'on se trouve en compagnie d'une autre personne. Exemple, tu as la porte 40 active, mais pas la porte 37. Un ami possède cette porte active. Chaque fois que tu verras cette personne, ce canal sera donc ouvert, c'est-à-dire que vous pourrez à vous deux, ressentir et vivre ladite énergie du canal en question.

4 : Il y à deux couleurs distinctes dans les canaux. La couleur la plus foncée sont les canaux conscients, la couleur claire vos canaux inconscients. C'est à dire que ce sont des choses que vous faite sans vous en rendre compte, ou bien que les autres vois en vous.

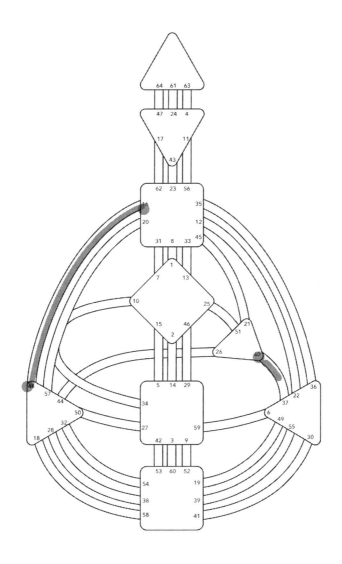

CANAL TÊTE - AJNA

CANAL 64-47 : CANAL DE L'ABSTRACTION

Tu es eb recherche constante de donner du sens à ta vie et à tout ce que tu fais. Tu as une grande envie de comprendre ton passé et d'en tirer des leçons. Ce canal te pousse à analyser tes expériences passées, de ce fait ton mental ne s'arrête jamais. Il faut apprendre la patience pour laisser infuser les informations du mental avant d'en sortir quelque chose.

CANAL 61-24 : CANAL DU PHILOSOPHE

Ce canal te permet de voir les choses différemment, sous un autre angle, te donnant des idées innovantes. Tu étudies, tu rationalises et penses, tu offres aux autres la possibilité de voir leurs vies autrement. Attention cependant à ne pas être asservi par ces pensées.

CANAL 63-4 : CANAL DE LA LOGIQUE

Tu as la capacité d'examiner la vie, les comportements, la société, afin d'en faire une synthèse et trouver la meilleure façon d'améliorer le monde. Ce canal te fait poser beaucoup de questions, tu cherches à comprendre, à donner un circuit logique aux choses. Le canal de la logique n'est pas totalement ciblé sur tes besoins, mais plutôt et en grande majorité sur les autres. Apprendre à servir les autres, le collectif, répondre aux demandes.

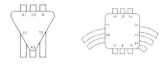

CANAL AJNA - GORGE

CANAL 17-62 : CANAL DE L'ORGANISATION

Ce canal travaille de manière inconsciente, par classement et organisation. Ton mental récolte et organise chaque information que tu vas recevoir des autres, pour ensuite l'organiser dans ton système de pensée. Comme à l'image de la construction d'une tour, chaque brique représente une nouvelle information à ton système de pensée. Si tu es face à une idée (une brique) qui ne rentre pas dans ton système, tu ne la comprendras pas et ne l'accepteras pas. Tu auras envie de partager tout ce que tu sais grâce à ton centre de la gorge, mais attention à parler au bon moment, et lorsque les autres seront réceptifs.

CANAL 43-23 : CANAL DE LA STRUCTURE

Ce canal te permet d'exprimer très clairement tes idées et intuitions, de manière claire et structurée. Tu as une manière de penser qui est en avance sur le monde, car tu observes tout, comme si tu pouvais être à 360° au-dessus du monde et de ses comportements.

CANAL 11-56 : CANAL DE LA CURIOSITÉ

Tu es constamment à la recherche de nouvelles idées, qui t'amèneront vers des expériences, voyages, vérités, afin de les partager au monde, tu es un story-teller qui transmet une histoire.

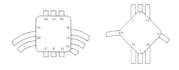

CANAL GORGE - CENTRE G

CANAL 31-7 : CANAL DE L'ALPHA

Ce canal t'apporte l'énergie du leader, tout ce que tu vas apporter en informations sera prouvé et établi, donc digne de confiance. Tu seras influent.e dans un domaine spécifique et aidera le collectif sous une forme de supervision et non de direction.

CANAL 8-1 : CANAL DE L'INSPIRATION

Tu es une personne créative, qui va inspirer les autres de par tes talents. Tu apprends aux autres à aller dans leur propre direction grâce à la forte identité que tu as (tu sais qui tu es et où tu vas).

CANAL 33-13 : CANAL DE L'EXPRESSIF

Tu as un grand besoin de partager tes états d'âme, et c'est en le faisant que tu attireras à toi des personnes qui ont besoin d'être guidées, en leur offrant des conseils créatifs et propres à toi. Tu dois être reconnue pour ton individualité.

CANAL 20-10 : CANAL DE L'ÉVEIL

Tu ressens un fort sentiment d'amour envers toi-même et envers la vie. De ce fait tu as envie de partager cet état d'éveil, d'appréciation du moment présent, et les autres te suivront en étant toi-même et authentique. Il faut apprendre à se détacher des critiques et trouver son chemin.

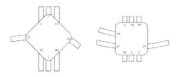

CANAL CENTRE G - SACRAL

CANAL 15-5 : CANAL DU RYTHME
Ce canal te permet de te trouver au bon endroit lorsque tu sauras écouter tes besoins. Tu t'adaptes et changes de direction quand les choses ne sont plus alignées avec tes envies. Tu as un rythme de vie bien à toi, si celui-ci change, une pause est de rigueur afin de revoir tes besoins et priorités pour ton bien-être personnel.

CANAL 2-14 : CANAL DE LA RESSOURCE
Tu sais comment transformer tes ressources en idées innovantes, tu peux te voir à l'image d'un artisan qui va, depuis un élément primaire, créer une oeuvre d'art. Grâce à ce que tu possèdes, tu peux en matérialiser quelque chose de nouveau.

CANAL 46-29 : CANAL DE LA DÉCOUVERTE
Avec ce canal, tu vas vivre des expériences, et aller jusqu'au bout de celles-ci afin d'en tirer des leçons. Il faut savoir se lancer dans ces expériences de manière engagée, puis laisser l'expérience prendre le dessus, et vivre ce qui doit être vécu.

CANAL 10-34 : CANAL DE LA CONVICTION
Tu as besoin de suivre tes propres convictions, celles qui sont alignées à toi, vivre de manière authentique avec qui tu es, ainsi inspirer les autres à faire de même dans leur vie. Ce canal n'est pas là pour plaire, mais pour donner l'exemple.

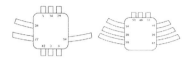

SACRAL - RACINE

CANAL 42-53 : CANAL DE LA MATURATION

L'expérience est au coeur de ce canal, tu as besoin de démarrer constamment un cycle d'expérience de vie, aller jusqu'au bout afin d'en tirer des leçons. Il est essentiel pour toi de t'engager jusqu'au terme de ce cycle, pour éviter de devoir répéter l'expérience encore et encore.

CANAL 3-60 : CANAL DE LA MUTATION

Tu as souvent besoin de changer de direction, bien que ces besoins surviennent lorsque tu ne t'y attends pas, ce pour quoi tu dois être à l'écoute de ton sacral. Ces changements t'amèneront vers de grandes évolutions.

CANAL 9-52 : CANAL DE LA CONCENTRATION

Tu as cette grande capacité à te concentrer sur les détails et les faits, la porte 52 te donne l'énergie nécessaire de rester focus sur une tache et le faire à fond. Tu préféras travailler sur un point, une tâche spécifique que de faire plusieurs choses en même temps. Cela peut être une activité, un travail, un projet sur lequel tu te focalises durant plusieurs années. Il est tout de même important pour toi d'avoir au préalable toutes les informations nécessaires avant de démarrer quelque chose.

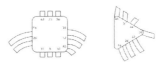

GORGE - SPLÉNIQUE

CANAL 16-48 : CANAL DU TALENT

La maîtrise est le maître mot de ce canal. Lorsque tu aimes quelque chose, tu vas avoir besoin de le travailler, d'y aller en profondeur, de répéter encore et encore, de développer ta technicité pour en devenir expert.e. Tu cherches à te perfectionner dans un domaine spécifique, attention cependant à ne pas vouloir trop apprendre par crainte de ne pas être suffisant.e.

CANAL 20-57 : CANAL DE L'ONDE

Ce canal te permet de ressentir des moments de grandes intuitions, qui t'aident à savoir lorsque tu es dans une situation ou bien un endroit, des personnes, qui sont ou ne sont pas «bonnes» pour toi. Lorsque tu écoutes les autres, tu ressens leur vérité profonde, comme un filtre te permettant de savoir si les choses sonnent juste ou non. Pour cela, il faut travailler sur son intuition, se focaliser sur l'instant présent. Le meilleur moyen de travailler le centre splénique est en étant seul.e, en écoutant ce que ton corps te dit.

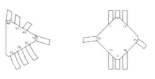

SPLÉNIQUE - CENTRE G

CANAL 10-57 : CANAL DE LA FORME

Grâce à ton intuition du splénique, tu es dirigé.e à chaque instant de ta vie vers des situations qui t'apporteront se dont tu as besoin. Peu importe la situation que tu vivras, tu en ressortiras toujours avec un apprentissage, une leçon qui se verra très inspirante pour les personnes qui t'entourent, et qui leur donneront envie également de faire confiance en leur propre intuition.

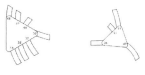

SPLÉNIQUE - COEUR

CANAL 26-44 : CANAL DU TALENT

L'ego du coeur et l'intuition du splénique te donneront des envies de projets, de voyages, de changements de quotidien sur l'instant présent, c'est-à-dire une envie urgente de faire quelque chose de nouveau. À toi de déterminer si cette envie peut être assouvie, si elle n'impacte pas ton environnement extérieur, et si tel est le cas, fonce, écoute cette intuition qui t'amèneras vers de nouveaux horizons.

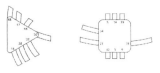

SPLÉNIQUE - SACRAL

CANAL 50-27 : CANAL DE PRÉSERVATION

Ce canal t'apporte une énergie instinctive à prendre soin des personnes qui t'entoure, en les aidant avec altruisme. Attention cependant à bien vérifier si tu as l'énergie nécessaire de pouvoir apporter ton soutien et ton aide aux autres en respectant ton autorité intérieure. L'intuition de ton splénique va naturellement t'indiquer qu'elles sont les personnes qui seront prêtes à t'ouvrir leurs portes. N'oublie jamais qu'il faut d'abord prendre soin de toi avant de pouvoir prendre soin des autres.

CANAL 57-34 : CANAL DE LA SÉCURITÉ

Ce canal te demande d'écouter ton thermostat émotionnel et corporel intérieur, afin de savoir si tu es dans un endroit qui est propice à ton bien-être, ou avec des personnes qui te permettent de passer de bons moments. Si tu ressens une divergence entre l'action que tu fais et ton ressenti intérieur, tu devrais écouter cette petite voix, qui t'indique que tu n'es pas au bon endroit ou avec la/les bonnes personnes. Si tu respectes ton intuition, cela te permettra d'être en meilleure santé mentale, et de faire des choses qui te font du bien, en te préservant de toutes contrariétés ou difficultés.

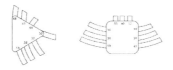

SPLÉNIQUE - RACINE

CANAL 32-54 : CANAL DE LA PERFORMANCE

Tu es inspirant.e pour les autres, car grâce à ce canal, tu as l'énergie nécessaire pour aller au bout d'un projet, d'une activité, d'une envie, et cela se résume à un effort durable, une performance vers un «succès» qui donne envie aux autres de faire de même dans leur vie. Tu as le goût de l'effort et tu travailles dur pour y arriver, ce qui te donne cette image de *performer* inspirant.

CANAL 28-38 : CANAL DE DU SENS

Ce canal t'apporte une certaine pression à trouver un sens à ta vie, en faisant les choses selon tes règles et ta vision, même si ce n'est pas la manière la plus simple. La porte 38 t'apporte la détermination d'aller vers le chemin qui sera le plus aligné avec tes valeurs et tes objectifs. Tu peux paraitre obstiné.e mais tu iras au bout des choses pour savoir si c'est la bonne voie ou non pour toi.

CANAL 18-58 : CANAL DE LA MAÎTRISE

Ce canal te donne l'envie de vouloir constamment corriger, maîtriser, transformer, un schéma qui ne convient pas à TA logique. Tu cherches à perfectionner ce que tu veux réformer, mais attention, car la perfection n'existe pas, et si cela entre dans un cadre personnel, il est possible que tes remises en question soient vues comme une critique. Attendre que l'on te demande conseil est la meilleure chose qu'il soit.

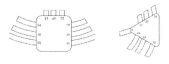

RACINE - PLEXUS SOLAIRE

CANAL 19-49 : CANAL DE LA TRIBU

Ce canal te pousse à mettre en relation des gens que tu connais et qui partagent les mêmes valeurs et les mêmes principes ensemble. Tu es souvent vu.e comme la personne qui «connecte» les autres, et qui cherche à avoir un environnement amical, familial sain et équilibrer dans le lien social. Tu te vois et les autres te représentent comme la personne qui gère sa tribu.

CANAL 39-55 : CANAL DE L'ÉMOTION

Tu ressens parfois des vagues émotionnelles qui t'amènent vers des downs où tu remettras beaucoup de choses en question dans ton quotidien ou dans tes relations, et des moments up qui t'apporteront un grand flux de créativité et d'envie. Il faut apprendre à conscientiser et accepter ces états contraires pour arriver à un moment de clarté émotionnelle.

CANAL 41-30 : CANAL DE L'IMAGINATION

Ce canal te permet d'être focalisé.e sur la vision de ta vie future, tu es d'ailleurs souvent absorbé.e par cette imagination, ces rêves, ces fantasmes, cependant, tu devrais prendre le temps et ne pas sauter d'étapes pour réaliser correctement tout ce dont tu rêves, car c'est comme cela que ton expérience sera gratifiante.

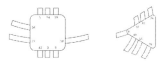

SACRAL - PLEXUS SOLAIRE
CANAL 59-6 : CANAL DE LA SEXUALITÉ

Ce canal t'apporte une énergie sexuelle développée, qui donne une connexion très intense lorsque tu es en union avec ton/ta partenaire. On parle aussi d'énergie créatrice, d'accouchement de projet, car l'énergie vitale du sacral te permet de créer de nouveaux projets, afin d'assurer une perpétuelle continuité dans tes objectifs.

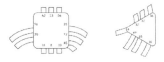

GORGE - PLEXUS SOLAIRE

CANAL 35-36 : CANAL DE LA PULSION

L'énergie de ce canal te donne la pulsion de vivre des expériences stimulantes en permanence. Cette énergie recherche à créer du nouveau, à faire les choses intensément. Attention cependant à ne pas devenir instable avec le centre du plexus solaire, qui est le centre des émotions, tu devrais donc attendre d'être calme et non pas dans l'euphorie pour prendre une décision, sinon elle pourrait ne pas correspondre à ton réel besoin intérieur.

CANAL 12-22 : CANAL DE L'OUVERTURE

Ce canal est à l'image d'une porte qui s'ouvre et se referme en fonction des personnes avec qui tu interagis. Tu sais quand être sociable, et quand il faut se mettre en retrait et attendre avant de prendre la parole. C'est pourquoi tu devrais apprendre à gérer tes vagues émotionnelles, afin d'utiliser ton centre de la gorge, uniquement lorsque tu es calme pour être plus impactant.e dans tes mots.

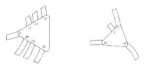

PLEXUS SOLAIRE - COEUR

CANAL 40-37 : CANAL DU CERCLE

Ce canal te fait ressentir un certain besoin de reconnaissance face à ton statut au sein d'un groupe. Les valeurs que tu prônes te permettent de t'entourer des bonnes personnes afin que celles-ci soient liées sur la base de la confiance et l'honnêteté, pour que ces valeurs soient maintenues et respectées.

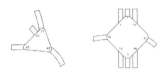

COEUR - CENTRE G

CANAL 51-25 : CANAL DE L'INITIATION

L'énergie de ce canal te donne l'envie de repousser constamment tes limites. Tu as la capacité de plonger dans l'inconnu afin de réaliser des prises de conscience sur certains domaines de ta vie. Tu inspires ton entourage à sortir de leurs zones de confort comme tu le fais pour toi, mais attention à attendre qu'ils t'invite avant de les initier.

COEUR - GORGE

CANAL 21-45 : CANAL DU CERCLE

Ce canal te donne l'énergie nécessaire pour trouver des solutions afin de gagner de l'argent, et vivre dans une certaine aisance matérielle (plus ou moindre échelle). Tu vas rechercher à trouver l'équilibre entre tes valeurs humaines et matérielles. C'est aussi un canal d'indépendance, car tu es une personne qui a besoin de contrôler son monde sans être contrôlée elle-même.

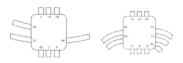

SACRAL - GORGE

CANAL 34-20 : CANAL DU CHARISME

C'est le canal le plus puissant énergétiquement parlant, car c'est grâce à celui-ci que tu vas pouvoir «faire», être endurant.e sur une grande période, mais aussi de pouvoir manifester, parler, t'exprimer face à tes décisions et envies.

PARTIE 8

LES 64 PORTES
EN DESIGN HUMAIN

En design humain il y à ce qu'on appelle les «portes», ce sont les 64 numéros inscrits dans chacun de nos centres énergétiques, qui viennent nous indiquer une information supplémentaire sur note design. Chaque porte représente une manière d'intégrer, de comprendre, de ressentir ou de visualiser le centre énergétique en question. Ces 64 numéros recensent les 64 hexagrammes de l'art divinatoire chinois : le YI-JING. Art datant du premier millénaire.

Ces portes ne sont activées chez nous, uniquement lorsque le numéro en question est inscrit en gras sur notre charte design humain. Si à contrario, les numéros ne sont pas en gras, ces portes ne seront pas actives dans nos centres énergétiques.

Cependant, il est possible de les activer si une personne a chez elle, sa porte jumelle. C'est ce que l'on appelle les canaux. Ils passent de centre en centre et permettent de faire circuler l'énergie partout. Découvrons les messages cachés derrière les 64 portes du design humain vous apportant une grille de lecture supplémentaire.

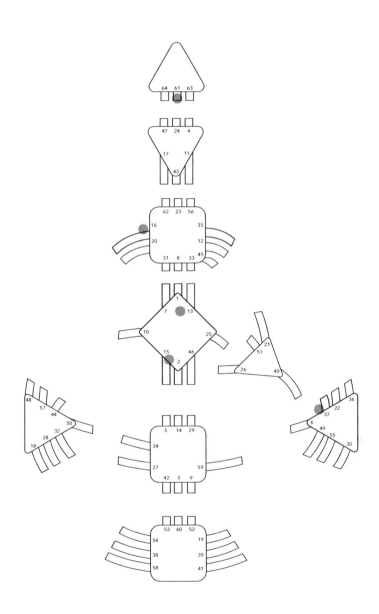

PORTE 1
CRÉATIVITÉ

Tu as une grande source de créativité grâce à cette porte, tu aimes t'exprimer à travers l'art de manière générale. Offre-toi si ce n'est pas déjà le cas, des moments de création, seul.e, simplement pour le plaisir de créer quelque chose. Fais les choses selon tes règles, donne-toi la possibilité d'offrir au monde ton essence, ton expression, ton unicité. Ce que tu créer attire, et cela renforcement ton ressenti d'épanouissement en tant que personne.

PORTE 2
ORIENTATION

Tu as la capacité de visualiser le chemin à parcourir pour arriver à l'objectif souhaité. Tu as, à l'image d'une boussole interne, cette sensation profonde de retrouver ton chemin à chaque fois que tu te sens perdu.e, ou simplement quand tu es à la recherche de quelque chose. Tu sais instinctivement la marche à suivre, et dans cette capacité, tu as également le pouvoir d'aider les autres à retrouver leurs chemins, à leur offrir une «autre voie» pour les diriger dans leur vie. Tu reçois et tu donnes des orientations, des directions, des possibilités.

PORTE 3
NOUVEAUTÉ

Avec cette porte, tu ressens souvent comme une envie profonde, une pulsion de faire, de commencer quelque chose de nouveauté dans ta vie, une activité, un sport, un voyage...
Tu as l'énergie de ton sacral qui t'aide à gérer les difficultés que tu peux rencontrer lorsque tu entreprends un projet. Il est important de regarder en arrière, d'examiner d'un regard extérieur tes anciennes expériences pour en faire une synthèse de ce qui a fonctionné et ce qui n'a pas fonctionné.

PORTE 4
SOLUTION MENTAL

Tu as envie de tout résoudre constamment, tu aimes trouver la réponse à une problématique, cependant celle-ci ne doit pas se baser sur ton propre jugement, mais bien sûr des faits. Pour éviter de trop disperser ton énergie, et savoir sur quelle problématique te poser, il est important de travailler avec ton autorité. Avec la porte des solutions mentales, il faut être vigilant.e car tu peux parfois avoir envie d'apporter une réponse quand celle-ci n'est pas demandée, ce qui peut amener vers le non-soi et beaucoup de résistances.

PORTE 5
RYTHMES

Avec cette porte, tu apprécies de créer des rythmes et routines de vie, des habitudes qui te font du bien, même inconsciemment, et cela pour assouvir un bien-être interne. Il est donc important pour toi d' être à l'écoute de ton corps et de ton autorité afin de savoir où placer ton énergie, un journal d'intention peut être un très bon moyen pour reconnaitre qu'elles sont les habitudes qui te font du bien, ce qui a besoin d'être mis en ordre, ou de créer un nouveau rythme de vie.

PORTE 6
RÉSONNANCE

Tu recherches l'émotion, la résonance dans tes relations, et la clef de cette porte est d'apprendre à reconnaitre quand une personne de ton entourage te procure suffisamment d'émotion quand tu es avec elle, et de savoir t'en éloigner si ce n'est pas le cas, car tu fonctionnes à la résonnance émotionnelle, et s'il n'y en a pas, cela peut tourner au conflit.

PORTE 7
STRATÉGIE

Tu as une façon bien à toi de voir les choses, et lorsque des personnes souhaiteront travailler, faire quelque chose avec toi, ils devront accepter et/ou être en accord avec ta vision, ta façon de faire. Avec la porte 7, n'hésites pas à aller dans la direction que tu souhaites même si cela ne plaît pas aux autres, car avec cette énergie, tu es ici pour créer ta propre voie. Attention cependant à ne pas trop imposer.

PORTE 8
CONTRIBUTION

Tu es inspirant.e pour les autres en leur montrant ton mode de vie, des habitudes, une façon bien à toi de faire, car c'est en partageant cela que tu vas offrir aux autres une direction possible. C'est une énergie individuelle au service du collectif, et cela peut être totalement inconscient, mais ton entourage, ou les personnes que tu rencontres, en entendant ton mode de vie, ta direction, tes choix ; vont ce dire «oui, c'est peut-être la solution, c'est peut être comme ça que je devrais faire».

PORTE 9
DÉTAIL

Cette porte fait de toi un.e expert.e dans l'art du perfectionnisme. Tu vas regarder le moindre petit détail, pour pouvoir améliorer les choses. Avant de débuter une activité ou bien un projet, tu ressentiras naturellement le besoin d'avoir toutes les informations détaillées afin de savoir si cela te convient ou non. Attention à ne pas trop tomber dans le perfectionnisme, car rien ne peut être parfait.

PORTE 10
ÊTRE

Tu sais qui tu es et où tu vas, tu es authentique et c'est grâce à cette forte identification du soi que tu vas permettre aux autres de pouvoir s'aimer aussi en les inspirant. Cultiver son estime et l'amour de soi est important avec cette porte 10. Autorise-toi à être, à t'aimer, et à faire selon ton prisme identitaire.

PORTE 11
HARMONIE

La porte 11 s'exprime chez toi dans tes idées, tu vas avoir une opinion et une vision qui sera axée sur la majorité, sur le collectif plus que sur une seule personne. Le but de cette porte est de créer et maintenir une harmonie sociale entre chaque personne. Tu puises dans les informations que tu possèdes pour assembler et créer des idées, qui seront ensuite partagées aux autres.

PORTE 12
EXPRESSION

En général, tu vas avec la porte 12, attendre le bon moment pour exprimer ton point de vue ou bien ton ressenti. De cela en découle une manière bien propre à toi et impactante de parler. Tu devrais donc prendre le temps de réfléchir à ce que tu vas dire avant de parler pour ne pas être trop dur.e ou froid.e. Il est également possible qu'une sorte de vulnérabilité / timidité se distingue avec cette porte, cependant celle-ci est très vibratoire, les personnes autour de toi seront marquées par tes mots.

PORTE 13
CONFIDENT

Tu aimes écouter les histoires des autres, tu es même souvent sollicité.e comme confident.e lorsque quelqu'un a besoin de déposer un secret, un besoin, une expérience. Tu disposes d'une grande écoute et tu as à coeur d'épauler ceux qui le souhaitent en leur proposant une direction possible, en leur rappelant qui ils sont, ce qu'il fait d'eux de belles personnes et comment ils en sont arrivés jusqu'ici.

PORTE 14
RESSOURCE

Pour travailler avec l'énergie de la porte 14, il te faut aimer faire ce que tu fais, que ce soit dans ton travail pour t'expandre, ou bien dans tes projets. C'est une porte qui utilise la créativité afin de subvenir à tes besoins matériels. Grâce à celle-ci tu as la capacité de gérer n'importe quelle ressource, et de montrer aux autres comment utiliser les leurs. À toi de déterminer de quelle richesse tu as besoin dans ta vie pour te sentir prospère.

PORTE 15
EXTRÊMES

Cette porte te permet l'acceptation des extrêmes chez les autres, mais également chez toi. On peut le voir par ta grande flexibilité face aux rythmes, tu t'adaptes très facilement à un nouveau rythme, ou bien par des changements constants comme par exemple dormir 4h une nuit, puis 10 le lendemain. Il y a une dimension de non-jugement avec la porte 15, car elle accepte l'humanité dans son ensemble.

PORTE 16
PRATIQUE

Tu as l'énergie en toi qui te permet de trouver et reconnaitre ton talent, qu'il soit créatif, social, entrepreneurial... afin de le développer, d'en faire ton expertise et de maitriser celui-ci. La porte 16 t'apporte l'endurance nécessaire pour pratiquer encore et encore ce talent qui t'est propre, pour plus tard, en faire bénéficier le collectif.

PORTE 17
OPINIONS

Tu as besoin d'avoir les tenants et aboutissants structurés d'une opinion lorsque tu vas la soumettre à la critique. C'est-à-dire que tu vas avec la porte 17, d'abord ressentir un stress, un doute ou de la peur face à une situation, un sujet ; qui te donnera l'urgence d'aller chercher une solution à ce ressenti ou ce besoin. Une fois que tu auras compris celui-ci en ayant toutes les informations nécessaires, tu vas pouvoir partager ces solutions aux autres.

PORTE 18
AMÉLIORATION

La porte 18 te permet de pouvoir visualiser ce qui n'est plus en accord avec toi même, de transformer des schémas répétitifs, d'anciens comportements nocifs pour ton bien être, dans le but de créer une amélioration de ton développement personnel. C'est une énergie qui apporte une nouvelle manière de faire les choses. Sans juger ton passé et tes actions, tu vas pouvoir mettre en place une nouvelle routine de vie plus saine pour toi.

PORTE 19
RELATIONS

Cette porte te donne l'envie et le besoin de créer du lien, de faire partie d'un groupe, d'une communauté. Tu as l'envie d'interagir avec les autres, l'appétence d'être inclus.e pour ressentir un épanouissement personnel. Tu apprécies rassembler les personnes que tu aimes pour passer du temps ensemble et créer des souvenirs. Avec cette porte 19, il y a aussi une certaine demande face à l'égalité des ressources.

PORTE 20
PRÉSENT

Cette énergie te permet d'être dans l'état d'être, du moment présent. Tu arrives à vivre l'instant sans être happé.e par le passé ou le futur. Pour être en harmonie avec cette énergie, il te suffit simplement de faire une activité, d'être dans un projet qui te fait perdre la notion du temps. C'est dans ce moment précis de perte de temporalité que tu vas être pleinement et consciemment dans l'énergie de la porte 20.

PORTE 21
CONTRÔLE

Tu ressens le besoin de contrôler ce qui se trouve autour de toi, et ton épanouissement découle du contrôle de ta possession de biens, qu'il soit matériel, d'un emploi, de vêtements, d'objets...
Tu as cette exigence de commander, prendre les décisions, avoir des responsabilités dans différents domaines de ta vie. Connaître son autorité et sa stratégie aidera à équilibrer l'énergie de la porte 21.

PORTE 22
ÉCOUTE

Avec cette porte tu vas être naturellement et inconsciemment attirant.e par les autres, car ils vont ressentir chez toi une grande capacité d'écoute. Et lorsque c'est le cas, tu prends le temps de bien entendre ce que la ou les personnes ont à te dire où te déposer. Tu ne prendras pas forcément parti, ou donnera ton avis, tu es dans ce moment ouvert.e à l'autre. Attention à bien conscientiser si tu as l'envie et le temps pour être à l'écoute, car si ce n'est pas le cas, cela va rapidement être ressenti et mal compris par ton entourage. À toi de bien comprendre les cycles émotionnels du plexus solaire pour savoir quand est le bon moment pour être disponible.

PORTE 23
ORATEUR

Avec la porte 23, tu vas avoir la capacité à t'exprimer de manière fluide et avec influence grâce à ton savoir. C'est en assimilant des connaissances sur un ou plusieurs sujets, qui une fois maitrisé, te permettront de t'exprimer face aux autres. De cela en découle parfois un changement, de la nouveauté ou bien même d'apporter une nouvelle façon de voir ou de penser. Attention cependant a bien être sollicité.e pour partager ce savoir, afin d'en être reconnu.e.

PORTE 24
RATIONALISATION

Tu vas constamment chercher à revenir en arrière pour comprendre une action, un évènement ou bien une situation, afin de la filtrer détails après détails pour l'amener vers une réponse rationnelle. Tu ne sais pas ce que c'est que de «laisser tomber» tu veux aller au bout de ta recherche / réflexion. Attention à ne pas laisser ton mental tourner sans cesse, et offre-toi des moments de repos en laissant infuser pour revenir ensuite sur tes idées.

PORTE 25
INNOCENCE

Avec cette porte 25, tu as en toi cette innocence qui te caractérise si bien, comme si tu avais su garder en toi ton âme d'enfant, et que se matérialise dans le non-jugement d'autrui. Tu as la capacité à tout apprécier équitablement, la vie, les gens, les fleurs, les animaux... Tu acceptes qui tu es et la vie en elle-même, ce qui t'amène à encourager l'individualité.

PORTE 26
VENTE

Avec la porte 26, tu sais naturellement comment «vendre» (pas forcément d'un point de vue matériel), en ayant les bons arguments, en utilisant des souvenirs ou émotions appartenant au sujet en question pour appuyer ton discours. Il y a aussi avec cette porte, une notion de réussite avec «peu d'efforts», c'est-à-dire que tu vas chercher à transformer un projet / une idée en opportunité dans le but que tes besoins soient comblés.

PORTE 27
ALTRUISME

Tu aimes prendre soin des autres, une grande bienveillance et une grande compassion t'habite. Cette porte te pousse à te préoccuper, nourrir, améliorer la qualité de vie de ceux qui ne savent pas ou ne comprennent pas comment faire, afin de leur permettre d'être indépendants par la suite. Attention à ne pas t'oublier, car tu n'auras plus assez d'énergie pour l'offrir aux autres.

PORTE 28
RISQUES

La porte des risques se déploie chez toi par cette envie urgente de prendre des risques dans ta vie, que d'autres ne prendraient certainement pas. Tu as besoin de te sentir vivant.e en allant chercher ces défis, qu'ils soient à plus ou moindre échelle. Ton splénique, qui est le centre de l'intuition, sera ton thermomètre qui t'indiquera s'il y a un danger sur la route et comment le contourner. Avec la porte 28, il faut apprendre à faire preuve de courage et sortir des sentiers battus.

PORTE 29
ENGAGEMENT

La porte 29 est à double tranchant, elle t'apporte une énergie incroyable pour dire oui à la vie, aux nouvelles expériences, à de nouveaux projets, mais souvent sans prendre en compte tes besoins personnels. Pour cela il faut apprendre à bien gérer ton autorité avant de t'investir, car tu vas ressentir l'envie de dire oui à la nouveauté et voir que finalement il n'y a pas ou plus d'intérêt à cette situation.

PORTE 30
DÉSIRS

Il y a une grande invitation avec la porte 30 à te détacher de toute attente face à la vie et aux expériences dans lesquelles tu t'engages, afin d'en être surpris.e. Tu devrais laisser place à tes désirs, même les plus extravagants, pour assouvir cette curiosité en toi. La vie est un apprentissage, grâce à cette porte tu vas pouvoir expérimenter tout ce que tu souhaites. Invitation ici à bien identifier les désirs profonds et personnels des désirs justes pour le plaisir de faire, tester, ou avoir, dans le but de savoir vers quoi te tourner en priorité.

PORTE 31
INFLUENCE

L'énergie de la porte 31 t'apporte naturellement un positionnement de leader, principalement dans ta façon de t'exprimer avec les autres. Tu as une facilité d'influence dans tes paroles, car ce que tu dis sera logique et simple pour ceux qui t'écoutent. Ce qui leur apportera un soutien précieux face à leurs objectifs personnels. Attention cependant à bien être sollicité.e pour que ton discours soit bien reçu.

PORTE 32
DURÉE

Tu ressens le besoin de créer des relations autour de toi, qu'elles soient personnelles ou professionnelles, en partant du principe que celles-ci soient durables, prospères et solides. Tu es en quête de stabilité constante, de ce fait, lorsqu'il y a de la nouveauté dans ta vie, tu chercheras toujours le chemin pour amener cette nouveauté vers du long terme. Tu analyses tout, en ayant souvent très peur de l'échec, car tout ce dans quoi tu t'engages doit être porteur de victoire / réussite.

PORTE 33
PAUSE

Lorsque tu vis une expérience tu as besoin d'un moment de pause, de replis, pour remettre en mémoire ce qui vient de se passer pour toi afin d'en faire le point. D'en sortir une leçon, une maitrise, un questionnement. Ces leçons une fois intégrées pour toi-même, qu'elles soient grandes ou petites, tu réussiras à les amener vers une histoire cohérente et inspirante pour les autres.

PORTE 34
POUVOIR

Tu es de nature indépendant.e, l'énergie du sacral avec la porte 34 te permet d'aller loin dans tes projets de vie, et ce que tu peux réaliser est impressionnant. Il y a une autorité individuelle dans cette porte, car tu ressens un besoin de grandes réalisations, d'accéder à un pouvoir personnel. Tu regardes droit devant, vers la ligne d'arrivée, et tu restes sur cette position tout au long du processus, bien que ton entourage puisse dire de toi que tu es détaché.e ou bien fantasque. Attention tout de même a bien savoir dans quoi t'engages pour éviter l'échec ou la déception.

PORTE 35
CHANGEMENTS

Tu es à la recherche constante de nouvelles expériences de vie. Ta curiosité, ton besoin de changements et de nouveautés te donnent une nature assez explosif.ve, impatient.e, mais aussi intense. Tu es souvent satisfait.e de ton besoin sur le moment, mais une fois passé, tu as le désir d'autre chose. Ton objectif est de vivre une multitude d'expériences et d'aventures, attention à bien savoir si cela nourrit ton âme ou ton ego afin d'éviter toute source de résistance par la suite.

PORTE 36
CRISES

La porte 36 est l'une des plus fortes, car elle se définit par de grandes vagues émotionnelles, que l'on pourrait qualifier de «crises». Ces crises, qui sont très déstabilisantes, sont en fait un processus de défi, de challenge. Elles prennent leur source dans la nouveauté, et bien sûr, ce qui est inconnu fait peur. Cependant, tu te sentiras bien plus en paix lorsque tu accepteras que la vie te présente inévitablement toutes sortes de situations qui mettent ta détermination à l'épreuve. Une fois ces épreuves passées, tu en tireras de précieuses leçons, ce pour quoi il est important de parfois savoir avancer dans l'obscurité pour y voir la lumière.

PORTE 37
FAMILLE

La famille est très importante pour toi, qu'elle soit par les liens du sang ou non, il y a une grande recherche de fondations solides dans tes relations. Tu as un sens inné des responsabilités et tu prendras naturellement le rôle de pilier, leader, d'un groupe, d'une famille. Tu apprécies les valeurs et la confiance qui sont synonymes de loyauté. Les personnes qui feront partie de ce cercle ne devront pas transgresser ces valeurs qui pourraient te mettre dans un état de colère / frustration. Avec la porte 37 il y a également un côté très tactile chez toi, parfois trop pour certain, mais cela n'est autre que l'envie que les gens se sentent bien.

PORTE 38
COMBAT

L'autorité n'est pas ta tasse de thé, toute forme d'organisation te dérange et tu chercheras souvent à te battre ou débattre sur des sujets qui peuvent irriter ton entourage. C'est l'énergie de défier les autres, les règles, mais aussi de défendre ceux qui ne peuvent se défendre. On peut dire de toi que tu es rebel.le, mais aussi très inspirant.e dans ta détermination. Attention à bien regarder dans quoi tu te lances, s'il y a un mérite personnel ou non.

PORTE 39
PROVOCATION

Tu as un feu qui brûle en toi et qui a la capacité naturelle à provoquer les autres, parfois rien que par ta simple présence. La porte 39 sait comment séduire, attirer l'attention vers elle, cependant si cette attention n'est plus assez nourrissante, tu partiras vers quelqu'un d'autre. Tout le monde n'est pas prêt à accepter cette boule d'énergie que tu es et de tous les changements que cela peut opérer en eux. S'ils ne sont pas assez «fort» pour gérer tes provocations, ils ne sont pas faits pour rester dans ta vie, car cela les amènera vers trop de peine et ou frustration.

PORTE 40
DÉLIVRANCE

Tu es très exigeant.e envers toi-même, lorsque quelque chose t'animes, tu travailleras dur et efficacement pour atteindre tes objectifs en prônant le discours de n'avoir besoin de personne pour effectuer ladite tâche. Une fois l'objectif atteint qu'il soit grand ou petit, tu auras besoin d'un moment de pause, seul.e, un moment de paix. Il est important que ton entourage comprenne cela. La porte de la délivrance est aussi là pour apprendre à pardonner et à lâcher prise avec le passé.

PORTE 41
IMAGINATION

Tu as une imagination débordante, l'envie de vivre des expériences de vie unique et fantaisiste. Tu ressens au plus profond de toi l'envie de réaliser ces rêves, attention cependant à bien faire la distinction entre ce qui est possible et ce qui ne l'est pas. Ne te laisse pas brider par ton entourage qui étouffe ce besoin de vivre intensément tous tes fantasmes, car c'est grâce à eux que tu trouveras, petit à petit, un équilibre.

PORTE 42
CROISSANCE

Avec l'énergie de la porte 42, tu auras pour habitude de gérer les choses par «cycles» avec l'objectif d'apprendre et d'évoluer. Pour débuter un nouveau cycle, tu as besoin que le précédent soit terminé et compris. C'est aussi l'énergie du donner-recevoir, il est plus important pour toi de donner que de recevoir, car c'est grâce à cet altruisme que l'expansion et les récompenses arriveront à toi.

PORTE 43
DÉCOUVERTES

Par cette porte s'expriment des flashs de connaissances, de révélations, permettant d'améliorer ou d'avancer sur un projet, dans la vie des autres, ou dans la tienne. Lorsque ces flashs arrivent, il est très difficile pour toi de les exprimer aux autres, car c'est «logique et simple» pour toi, mais pas pour le reste du monde. Il te faut trouver un chemin vers un langage clair pour exprimer ces connaissances aux autres. Les révélations que tu as sont novatrices, ce pourquoi il faut bien travailler avec sa stratégie afin de savoir à quel moment partager ces découvertes.

PORTE 44
SCHÉMAS

Tu as cette capacité naturelle à déceler les nouveaux concepts, modes, courants qui sont en émergence... comme si tu ressentais au bon moment ce qu'il fallait faire, que cela soit dans le domaine de l'art, la finance, la technologie, etc. Tu peux détecter ce qui va arriver et ses problématiques à venir. Cela fonctionne également dans ta vie personnelle et avec les autres. Tu remarques facilement les schémas répétitifs, cependant la porte 44 est liée à la peur du passé. Tu as du mal à être pleinement dans l'instant présent, car tu es continuellement pris.e par les anciens schémas, à essayer de t'en débarrasser.

PORTE 45
ROI / REINE

Tu as une autorité naturelle qui est là pour guider les personnes qui t'entourent, leur apprendre à gérer leurs ressources et finances. Cette porte est active pour montrer l'exemple et non pour travailler, à l'image d'un roi / d'une reine qui apporte des conseils à ses sujets afin qu'ils en bénéficient et les utilise dans leur vie. Ton défi consiste à superviser le bien-être de ton entourage qu'il soit financier ou émotionnel.

PORTE 46
CHANCE

Avec la porte 46 active, tu as ce don d'être au bon endroit au bon moment dans ta vie, encore faut-il que ton humeur soit au rendez-vous. Car si ton attitude n'est pas celle d'être ouvert.e à la vie dans ces moments-là, la chance de la porte 46 qui te permet de rencontrer la bonne personne, de faire le bon deal, d'avoir une superbe opportunité, peut être compromise. Il y a également une dimension de bien-être et d'amour du corps, d'amour de soi avec cette porte. Tu as certainement besoin de manger équilibrer, d'aller à la salle de sport, de prendre soin de toi, car sinon, tu te sens rapidement dépassé.e et déprimé.e.

PORTE 47
EUREKA

Avec la porte 47 tu ressens constamment cette pression de vouloir résoudre tous les problèmes de la vie, ou en tout cas d'en comprendre le sens. Si tu es dans un moment de flou, ou tu ne trouves pas de solution, c'est à cet instant précis qu'il te faut observer, prendre du recul sur la situation, apprendre à te relaxer, par la respiration, un bon bain, une musique, marcher dans la nature ; et laisser les informations venir à toi.

PORTE 48
PROFONDEUR

Tu as ce besoin d'aller en profondeur, de comprendre dans le moindre détail un sujet, une activité. Mais attention à bien comprendre que de savoir n'est pas suffisant, il faut apprendre à pratiquer continuellement ledit sujet afin de le maitriser, car si le sujet n'est pas assez compris et acquis tu peux te sentir rapidement stressé.e et dépassé.e car tu n'auras pas toutes les informations à partager.

PORTE 49
RÉVOLUTION

C'est lorsque tu déclares que s'en est trop, que tu en as assez, qu'il faut que quelque chose change, que tu vas pouvoir remettre en question ce qui ne te convient plus. C'est en disant «non» que tu vas pouvoir créer tes révolutions de vie. C'est aussi pour cela qu'il te faut souvent te séparer de personnes autour de toi, se qui vas déclencher beaucoup de réactions émotionnelles, mais celles-ci sont nécessaires. Les personnes qui ne seront pas OK avec tes valeurs, principes et règles ne seront pas prêtes et faites pour rester avec toi. Avec la porte 49 tu as l'âme d'un.e rebelle et tu n'hésites pas à dire quand les choses ne te semblent pas justes.

PORTE 50
VALEURS

Il y a une forte énergie à garder les valeurs profondes que tu as reçues de la part de ta famille, ou des personnes autour de toi qui t'ont forgé.e et vu grandir. Tu as a coeur de maintenir les valeurs fondamentales et familiales et cela ce manifeste sous une aisance naturelle à déterminer si une situation te convient ou non, ce qui est approprié et ce qui ne l'est pas, ce qui peut être juste ou non ect en fonction de ces valeurs. Celles-ci ont pour vocation de maintenir l'équilibre avec les autres, mais surtout avec toi-même. De devenir une personne authentique face à ce que tu penses être bien ou mal.

PORTE 51
CHOC

Tu as une capacité naturelle à «choquer» à stupéfier les personnes autour de toi par ton grand besoin de faire bouger les choses, il est même possible que tu utilises les points vulnérables pour atteindre directement le coeur des gens pour créer une révolution interne. Attention, tout le monde n'est pas prêt à recevoir cette tornade qu'est l'énergie de la porte 51. C'est aussi la porte de la compétition, du courage, tu vas réussir à inspirer les autres par ta manière bien singulière de faire les choses et de sortir des sentiers battus.

PORTE 52
IMMOBILITÉ

Tu peux te voir à l'image d'une montagne, solide, ancré.e, avec une vision panoramique sur les différentes situations de ta vie. Tu as cette capacité de voir les choses dans son ensemble, ce qui est attirant aux yeux des autres qui te demanderont certainement conseil. Tu seras en mesure de prendre les meilleures décisions et directions possibles grâce à la porte 52. Tu attendras cependant que la pression de la racine monte jusqu'à ce qu'elle t'amène à l'action.

PORTE 53
DÉBUTS

Tu as cette envie incessante de vouloir commencer de nouvelles choses chaque jour, tu as l'énergie des nouveaux départs, un élan de motivation face à un projet ou une activité. Tu es naturellement ouvert.e à de nouveaux horizons, cependant il sera difficile pour toi d'atteindre le milieu ou bien la fin. Ce n'est pas une mauvaise chose, au contraire, si tu ressens le besoin de terminer un projet, entoure-toi de personnes qui t'aideront à le faire, sinon, autorise-toi à débuter toutes sortes d'expériences pour t'enrichir personnellement, même si cela veut dire s'arrêter en chemin.

PORTE 54
AMBITION

Avec la porte 54, tu as cette forte ambition en toi qui te pousse à vouloir réussir dans ta vie, à la fois matériellement, socialement et spirituellement. Tu chercheras à créer des contacts pour atteindre tes objectifs, et tu devras travailler dur pour les toucher du doigt, car la porte 54 n'a pas beaucoup d'énergie et devra se recharger avec des moments de repos.

PORTE 55
ABONDANCE

Tu es dans une abondance émotionnelle en permanence. Lorsque tu fais quelque chose il faut que cela te procure des émotions intenses. Tu peux être à la fois très joyeux.se, plein.e d'énergie, avoir envie de partir à la conquête du monde, et un autre jour te sentir dans la plus sombre des pièces, perdu.e, mélancolique. Cependant, ce sera dans ces moments difficile, que ta créativité trouvera la lumière, à toi de savoir si cela passe par l'art, l'écriture, la musique, etc.

PORTE 56
NOMADE

Si tu ressens le besoin vital de voyager autour du monde, de vivre des expériences incroyables, d'avoir du mal avec le fait de rester trop longtemps quelque part, c'est normal. Tu as la porte 56 active, la porte de nomade, qui a besoin de bouger, de changer d'horizon, de faire des choses différentes chaque jour. C'est aussi la porte du conteur, du storytelleur, tu as cette aisance naturelle à raconter tes aventures aux autres, pendant qu'ils se délectent de tes mots.

PORTE 57
INTUITION

Avec la porte 57 active, tu as cette alarme interne en toi qui te prévient quand quelque chose ne te convient pas, que tu n'es pas au bon endroit, ou avec la bonne personne. Généralement, elle va se définir par une sensibilité aux sons, quel qu'il soit. La voix et l'intonation d'une personne ou bien le son de manière générale, d'une pièce, d'un restaurant, d'une soirée. Tu peux rapidement être paralysé.e par les bruits trop forts.

PORTE 58
JOIE

Tu es à l'image d'un enfant qui regarde le monde à travers ses yeux. Lorsque tu découvres quelque chose de nouveau, tes émotions sont très fortes et contagieuses car elles viennent de cette porte 58, la porte de la joie, de la vitalité. elle t'offre la possibilité d'avoir accès constamment à ta joie de vivre. Tu apprécies les petits plaisirs de la vie. Cependant, attention à ne pas te lancer uniquement dans des projets qui t'apporteront ce plaisir, ne t'engages que lorsque tu sais que cela te procurera de la joie.

PORTE 59
INTIMITÉ

La porte 59 t'apporte une grande énergie de création, du lien amical aux liens intimes, de la création du projet à son accouchement. C'est l'énergie même de la procréation. Il y a également un besoin vital sexuel dans cette porte, à toi de déterminer comment elle entre en jeu dans ta vie et comment l'assouvir de la meilleure des manières. En étant conscient.e de cette énergie, tu vas pouvoir créer un lien presque «sacré» avec la personne avec qui tu partages ces moments.

PORTE 60
LIMITES

Tu as une personnalité qui considère les règles de la vie, tu fais en fonction de ce que tu as autour de toi et de ces limitations, c'est-à-dire ce qu'il est possible de faire et ce qui ne l'est pas. Ce qui t'apporte aussi la capacité de bien discerner les opportunités de vie face aux choses insurmontables. Attention cependant à ne pas trop regarder dans le futur, d'éviter de te battre pour des choses qui ne sont pas encore là, ou pas à ta portée et de rester dans le moment présent avec ces possibilités.

✦

PORTE 61
VÉRITÉ INTÉRIEURE

Cette porte te demande de rester authentique en même temps qu'elle t'aide à discerner si ce qu'il y a autour de toi l'est également. Tu peux sonder ce qui est vrai et ce qu'il ne l'est pas, comme un détecteur, on ne peut pas te tromper. De plus, avec la porte 61, durant des moments de grands calmes, seul.e, tu vas recevoir de soudaines «révélations» sur un problème ou un questionnement, quelque chose qui va te permettre d'atteindre un niveau d'intégrité supérieur. Ces vérités sont aussi très bénéfiques à ton entourage lorsque cela les concerne, elles sont bien reçues (lorsque cela vient avec respect et non de l'égo) et peuvent changer leurs perspectives.

✦

PORTE 62
EXPRESSION DU DÉTAIL

Tu sais captiver ton auditoire, tu t'exprimes d'une manière si fluide et agréable que les autres t'écoute dans le moindre détail. Tu as la capacité de synthétiser se qui peut paraître compliqué en quelque chose de simple et compréhensible. Tu aimes approfondir les choses, avoir un maximum d'informations concernant un sujet, des informations concrètes et cohérentes.

PORTE 63
DOUTES

Tu doutes en permanence, de ce qui se trouve autour de toi et de toi même. Est-ce que je fais bien les choses ? Est ce que c'est bien pour moi ? Est-ce que je devrais lui faire confiance ? Tu analyses tout et remets constamment les choses en question pour être prêt.e à toute éventualité possible. Tu vas poser beaucoup de questions pour être certain.e de comprendre, qu'il n'y est plus de doutes possibles afin d'avancer sur un projet ou dans ta vie. C'est un très bon allié lorsque tu reconnais des schémas répétitifs, ou des incohérences que tu vas pouvoir exprimer et expliquer pour les autres ou pour toi-même afin de transformer cela.

PORTE 64
POSSIBILITÉS

Avec la porte 64 tu vas chercher à aller en profondeur sur un sujet particulier, voir même plusieurs. Tu as besoin de tout comprendre, de décomposer chaque chose pour aller jusqu'à sa source, en comprendre son intégralité. Par cette porte tu as un attrait particulier pour l'histoire, la philosophie, et bien d'autres thématiques qui te donne envie de faire une découverte incroyable. Attention à ne pas te perdre dans ces recherches perpétuelles. Laisse-toi aller au rythme de la vie, à la découverte, au mystère et l'inconnaissable. C'est là que tu recevras des informations.

PARTIE 9

MES CHARTES DESIGN HUMAIN

Nous arrivons à la dernière partie du livre, une partie totalement créative, qui te permettra de mettre sur papier ton design, mais également celui de ta famille ou bien de tes proches.

À toi de partir à la recherche des informations énergétiques contenues dans une charte HD. Comme expliqué au début de ce livre, il te faut quelques informations de base afin de concevoir une charte : *le prénom, la date, l'heure et le lieu de naissance de la personne.*

Tu peux aller sur le site **myhumandesign.com**
ou bien sur : **mybodygraph.com**

Une fois les informations rentrées tu auras accès à la charte que tu pourras ensuite venir déposer dans les prochaines pages et avoir une visibilité constante sur ton propre mécanisme, ou celui de ton entourage.

À toi de jouer !

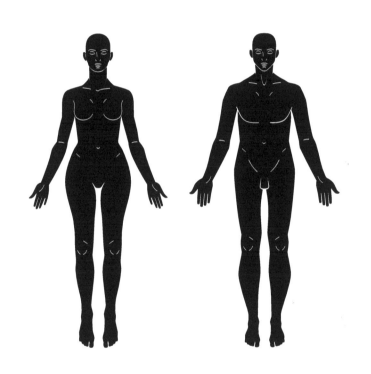

....

....

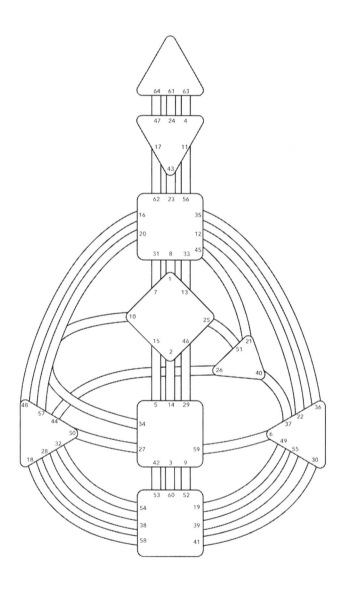

TYPE ÉNERGÉTIQUE

....

AURA

....

ÉNERGIE

....

SOI ET NON SOI

....

PROFIL

....

AUTORITÉ

....

LIGNE

....

```
+--------------------------------------------------+
|                     NOTES                        |
|                                                  |
|    ....................................          |
|                                                  |
|    ....................................          |
|                                                  |
|    ....................................          |
|                                                  |
|    ....................................          |
|                                                  |
+--------------------------------------------------+
```

CENTRES DÉFINIS

TÊTE

....

....

AJNA

....

....

GORGE

....

....

SOI / G

....

....

SACRAL

....

....

PLEXUS SOLAIRE

....

....

CENTRES DÉFINIS

SPLÉNIQUE

....

....

COEUR

....

....

RACINE

....

....

NOTES

....

....

....

....

....

....

CENTRES NON DÉFINIS

TÊTE

....

....

AJNA

....

....

GORGE

....

....

SOI / G

....

....

SACRAL

....

....

PLEXUS SOLAIRE

....

....

CENTRES NON DÉFINIS

SPLÉNIQUE

....

....

COEUR

....

....

RACINE

....

....

NOTES

....

....

....

....

....

....

CANAUX

....

....

....

....

....

....

....

....

....

....

NOTES

....

....

....

....

....

....

PORTES

....

....

....

....

....

....

....

....

....

NOTES

....

....

....

....

....

....

....

....

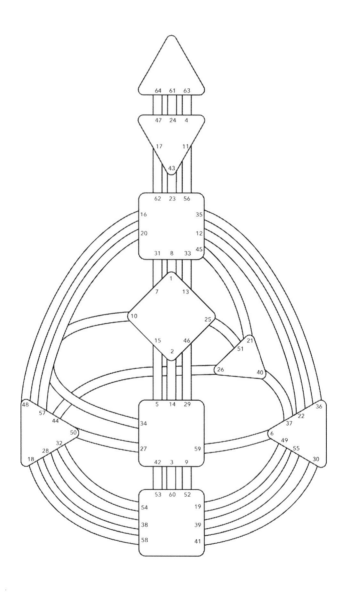

TYPE ÉNERGÉTIQUE

....

AURA

....

ÉNERGIE

....

SOI ET NON SOI

....

PROFIL

....

AUTORITÉ

....

LIGNE

....

NOTES

....

....

....

....

CENTRES DÉFINIS

TÊTE

....

....

AJNA

....

....

GORGE

....

....

SOI / G

....

....

SACRAL

....

....

PLEXUS SOLAIRE

....

....

CENTRES DÉFINIS

SPLÉNIQUE

....

....

COEUR

....

....

RACINE

....

....

NOTES

....

....

....

....

....

....

CENTRES NON DÉFINIS

TÊTE

....

....

AJNA

....

....

GORGE

....

....

SOI / G

....

....

SACRAL

....

....

PLEXUS SOLAIRE

....

....

CENTRES NON DÉFINIS

SPLÉNIQUE

....

....

COEUR

....

....

RACINE

....

....

NOTES

....

....

....

....

....

....

CANAUX

....

....

....

....

....

....

....

....

....

NOTES

....

....

....

....

....

....

PORTES

....
....
....
....
....
....
....
....
....

NOTES

....
....
....
....
....
....

....

....

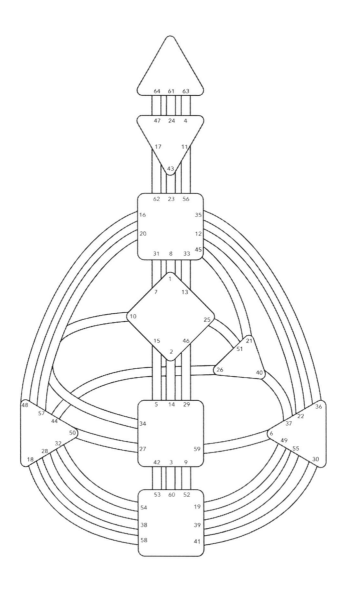

TYPE ÉNERGÉTIQUE

....

AURA

....

ÉNERGIE

....

SOI ET NON SOI

....

PROFIL

....

AUTORITÉ

....

LIGNE

....

NOTES

....

....

....

....

CENTRES DÉFINIS

TÊTE

....

....

AJNA

....

....

GORGE

....

....

SOI / G

....

....

SACRAL

....

....

PLEXUS SOLAIRE

....

....

CENTRES DÉFINIS

SPLÉNIQUE

....

....

COEUR

....

....

RACINE

....

....

NOTES

....

....

....

....

....

....

CENTRES NON DÉFINIS

TÊTE

....

....

AJNA

....

....

GORGE

....

....

SOI / G

....

....

SACRAL

....

....

PLEXUS SOLAIRE

....

....

CENTRES NON DÉFINIS

SPLÉNIQUE

....

....

COEUR

....

....

RACINE

....

....

NOTES

....

....

....

....

....

....

CANAUX

....

....

....

....

....

....

....

....

....

NOTES

....

....

....

....

....

....

PORTES

....

....

....

....

....

....

....

....

....

NOTES

....

....

....

....

....

....

ALLER PLUS LOIN AVEC LE DESIGN HUMAIN

Vous voici à la fin de la lecture de ce livre, qui était je l'espère, une belle découverte. L'outil qu'est le design humain est encore peu connu en France, et s'intègre doucement dans nos pratiques d'introspection. Comme tout outil, il a différentes grilles de lecture suivant les connaissances que l'on a de celui-ci. J'avais à coeur de vous partager une première partie de ce savoir en abordant avec simplicité le design humain au détour d'un livre. Un second ouvrage est en cours de préparation, pour vous plonger encore plus intensément dans le design humain. Pour être informé des sorties, rendez-vous ici : @jadeyemuse

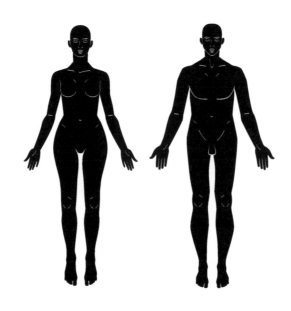